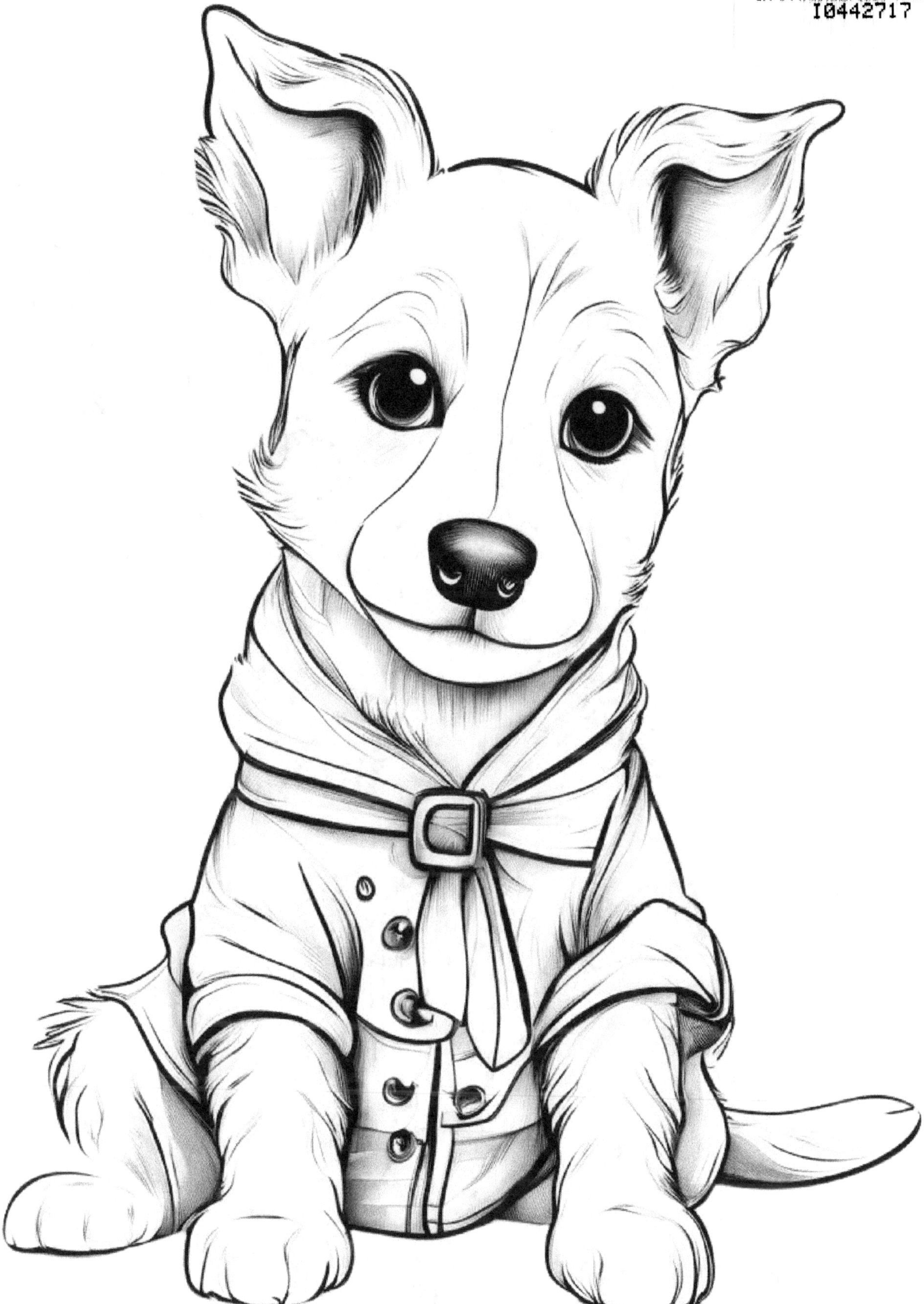

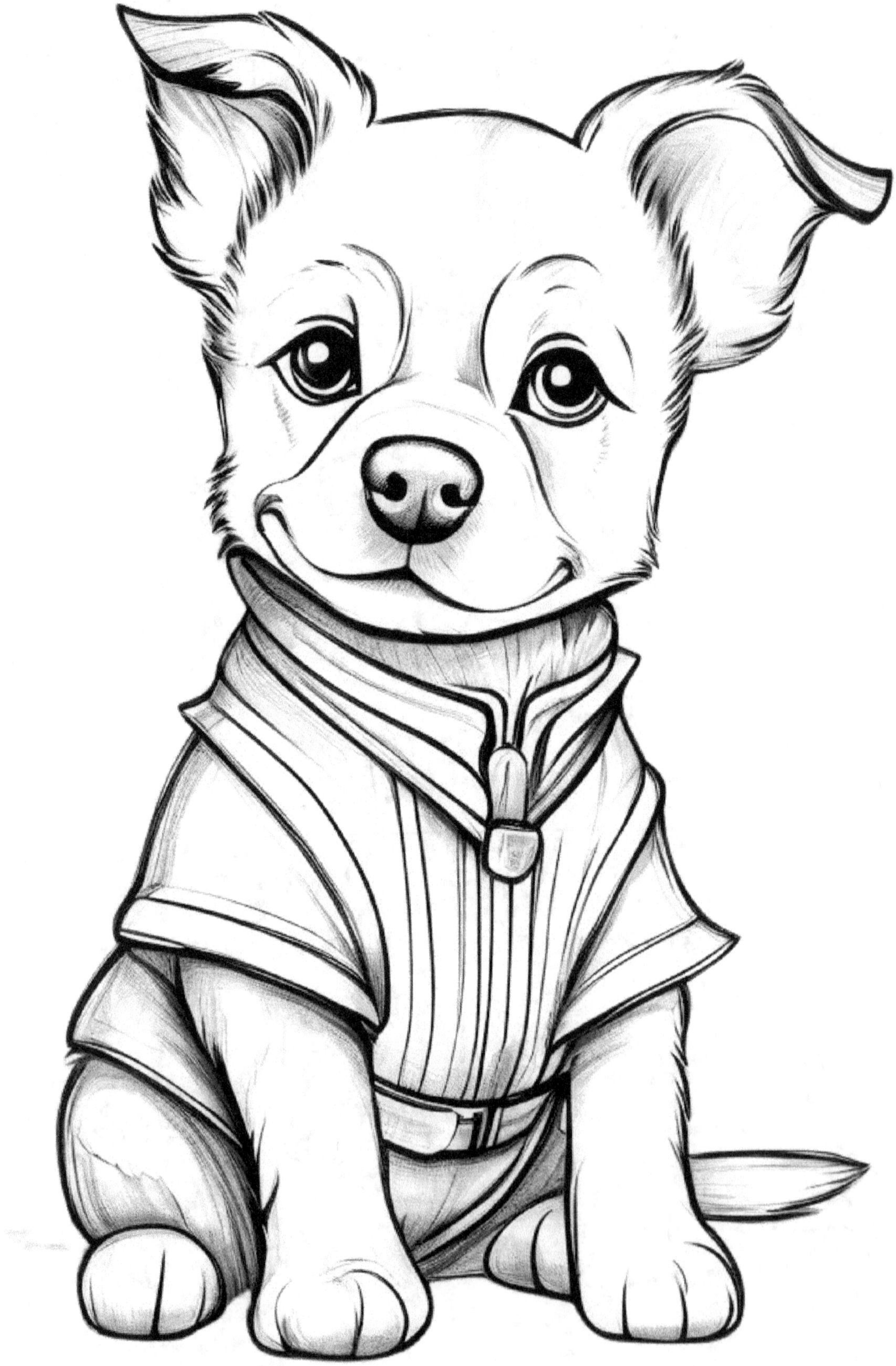

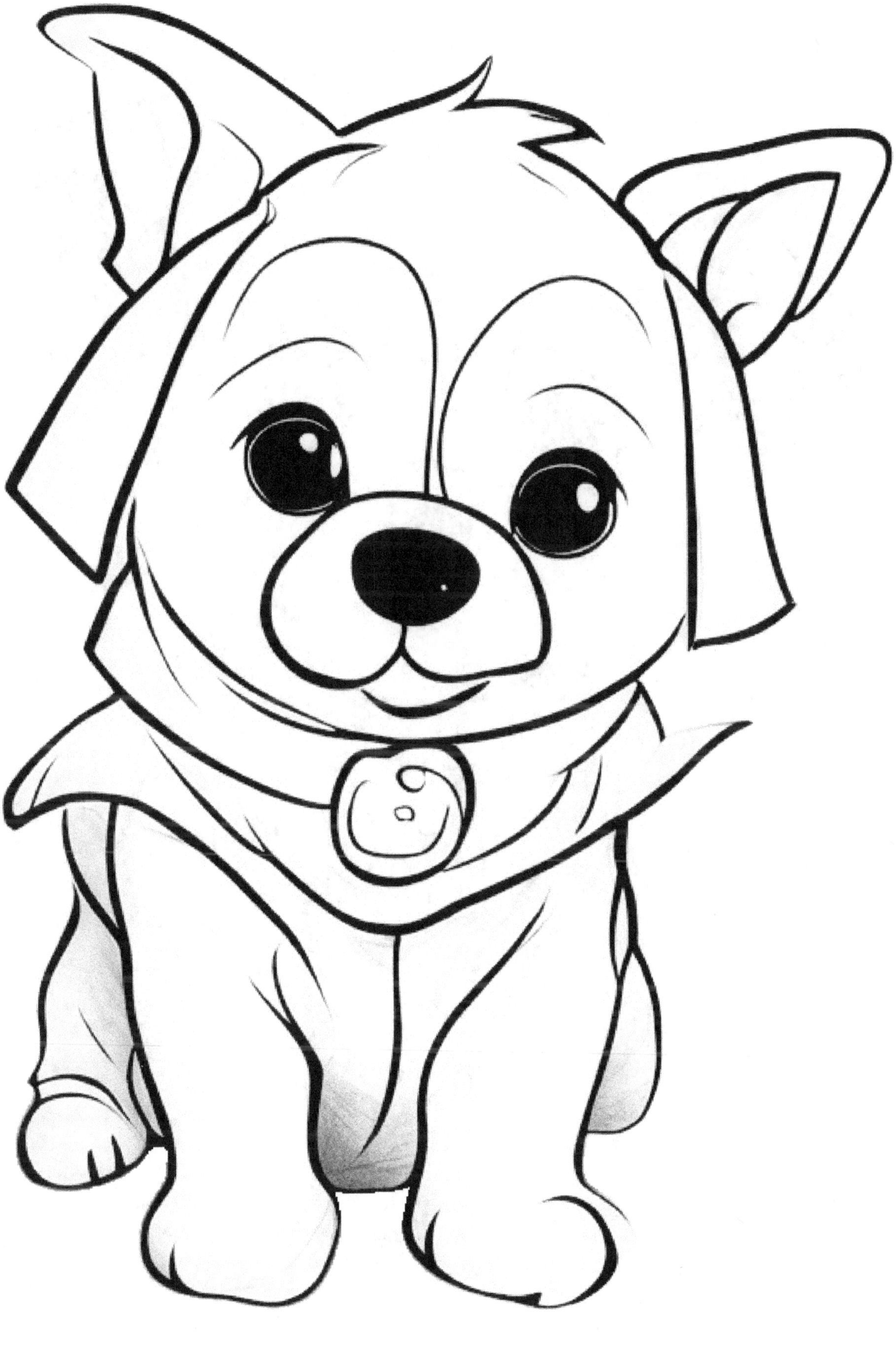

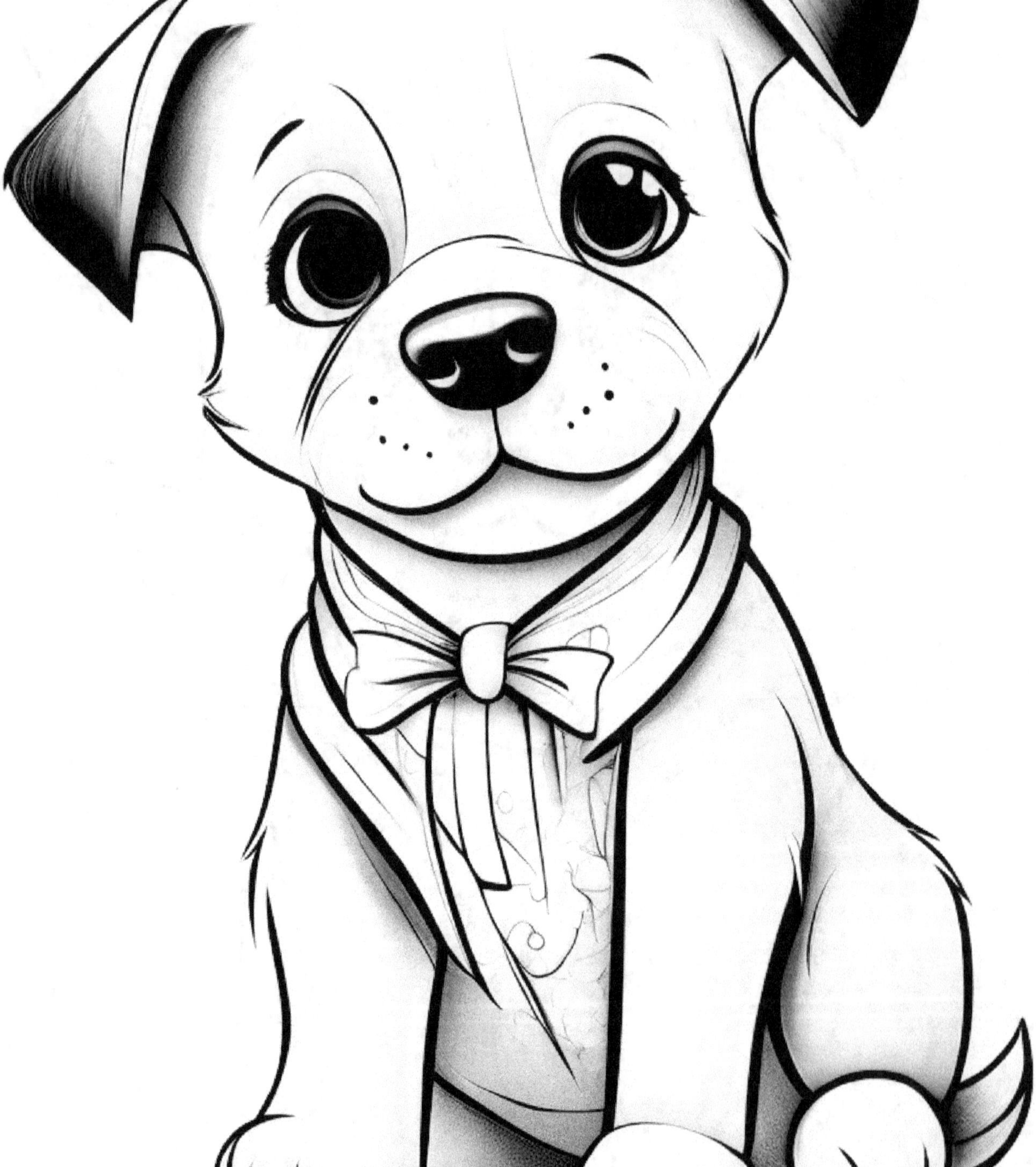

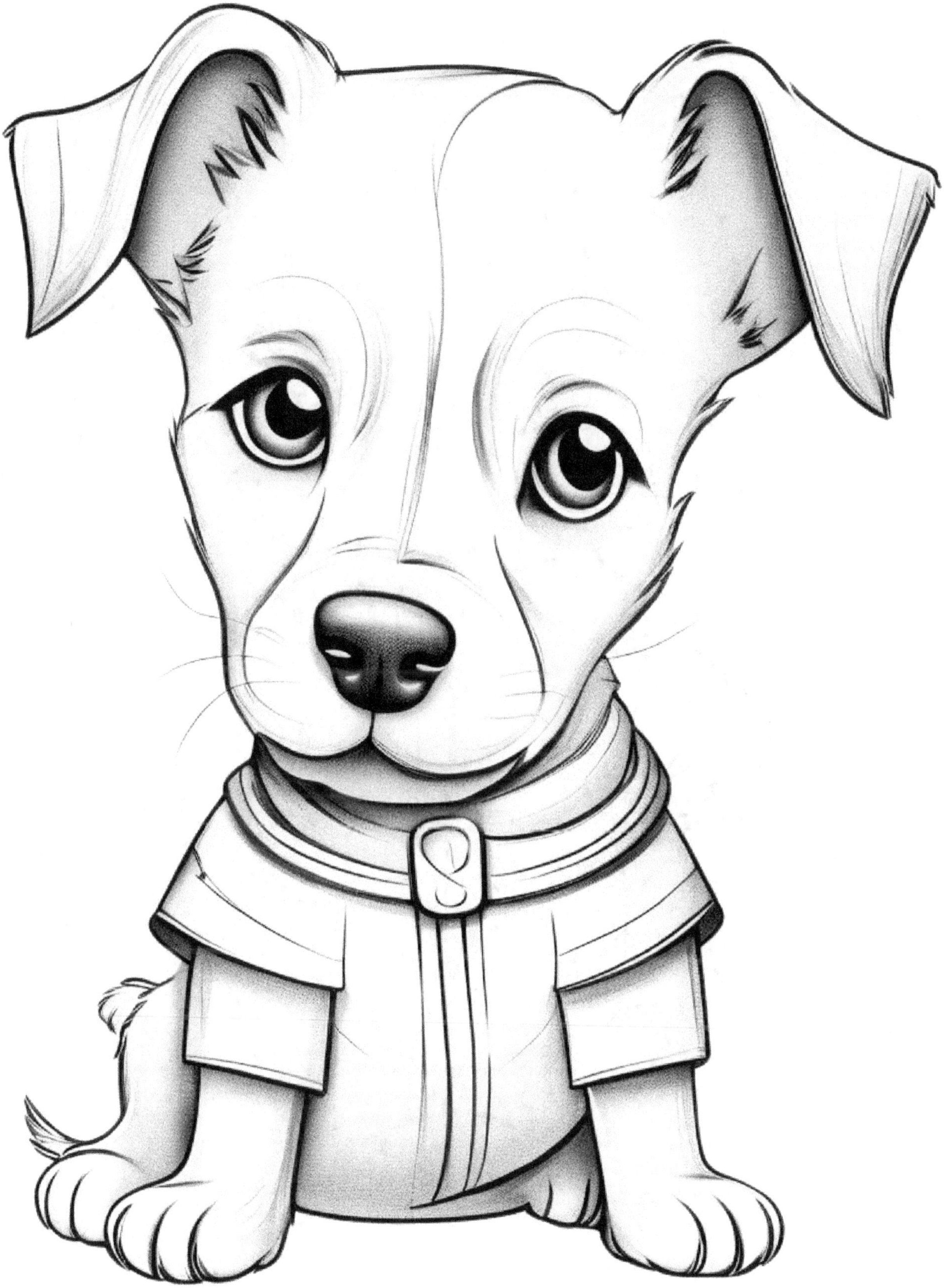

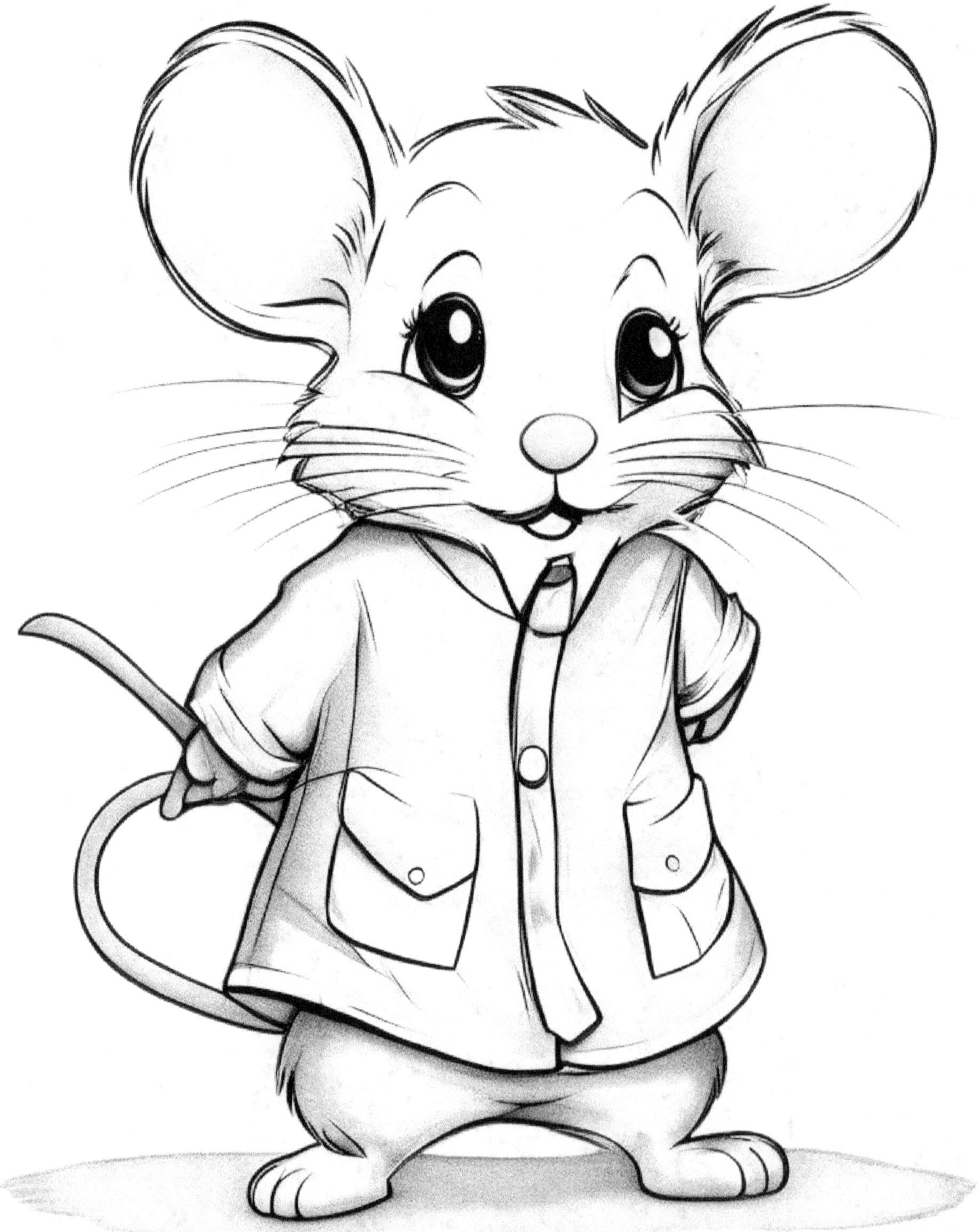

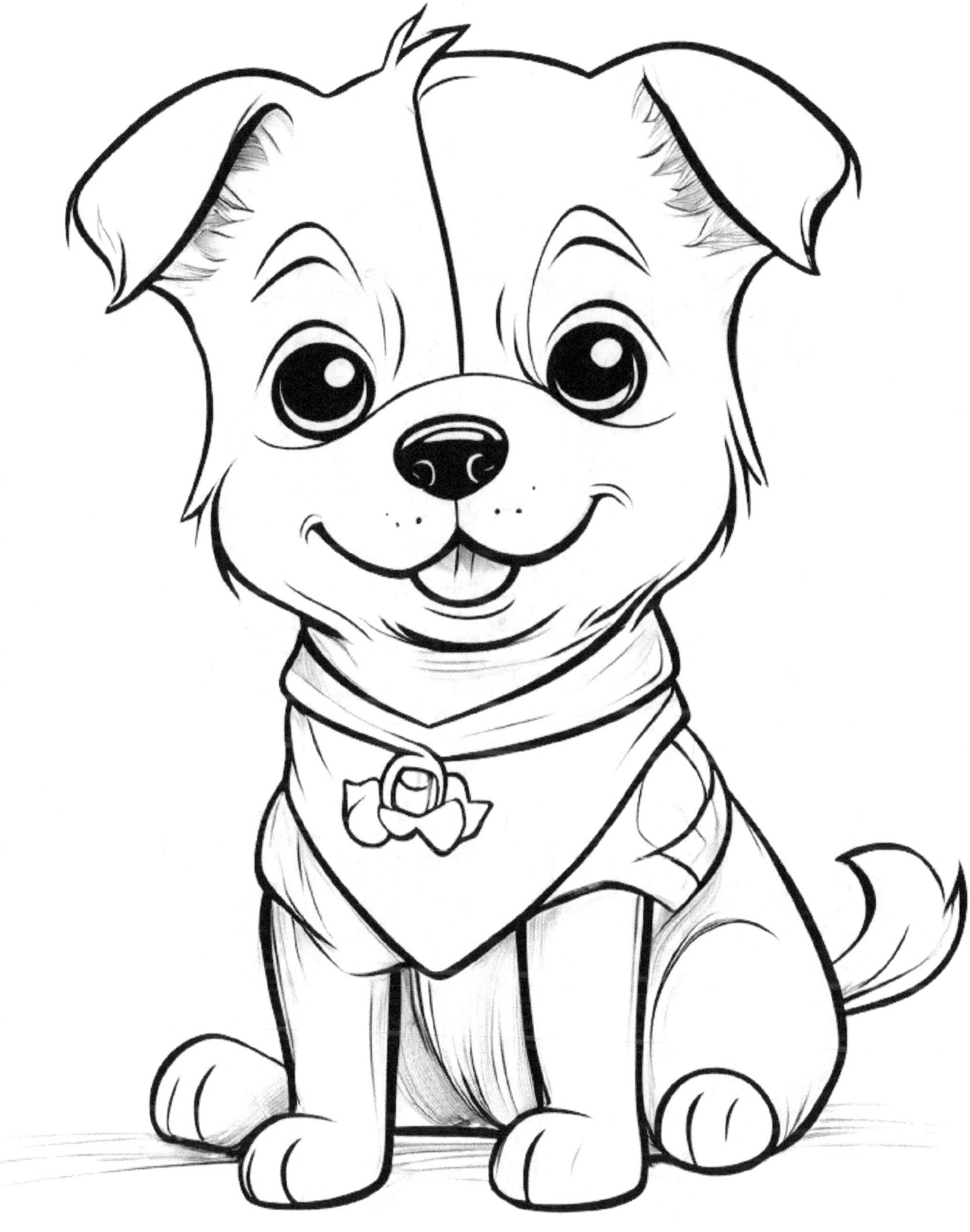

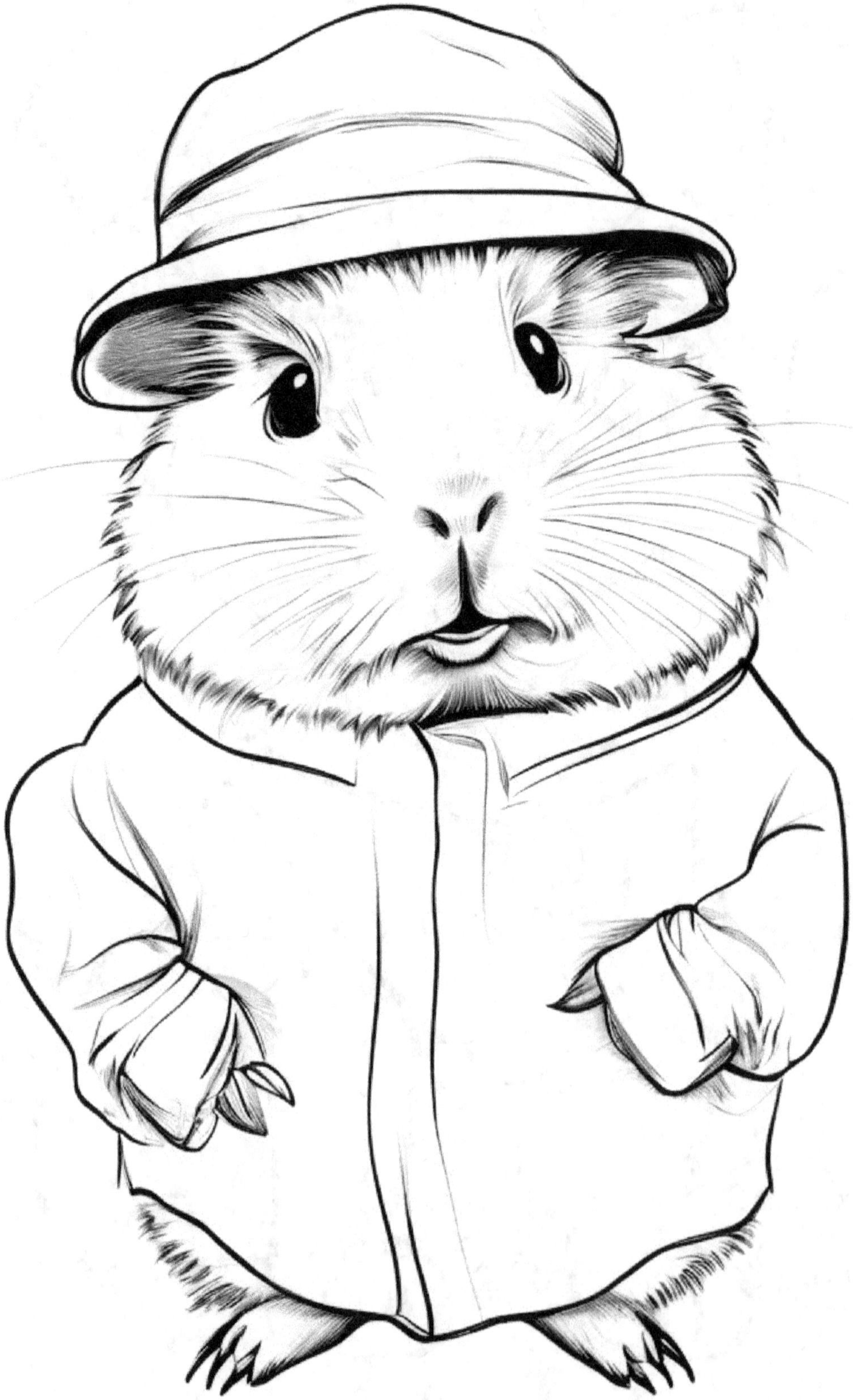

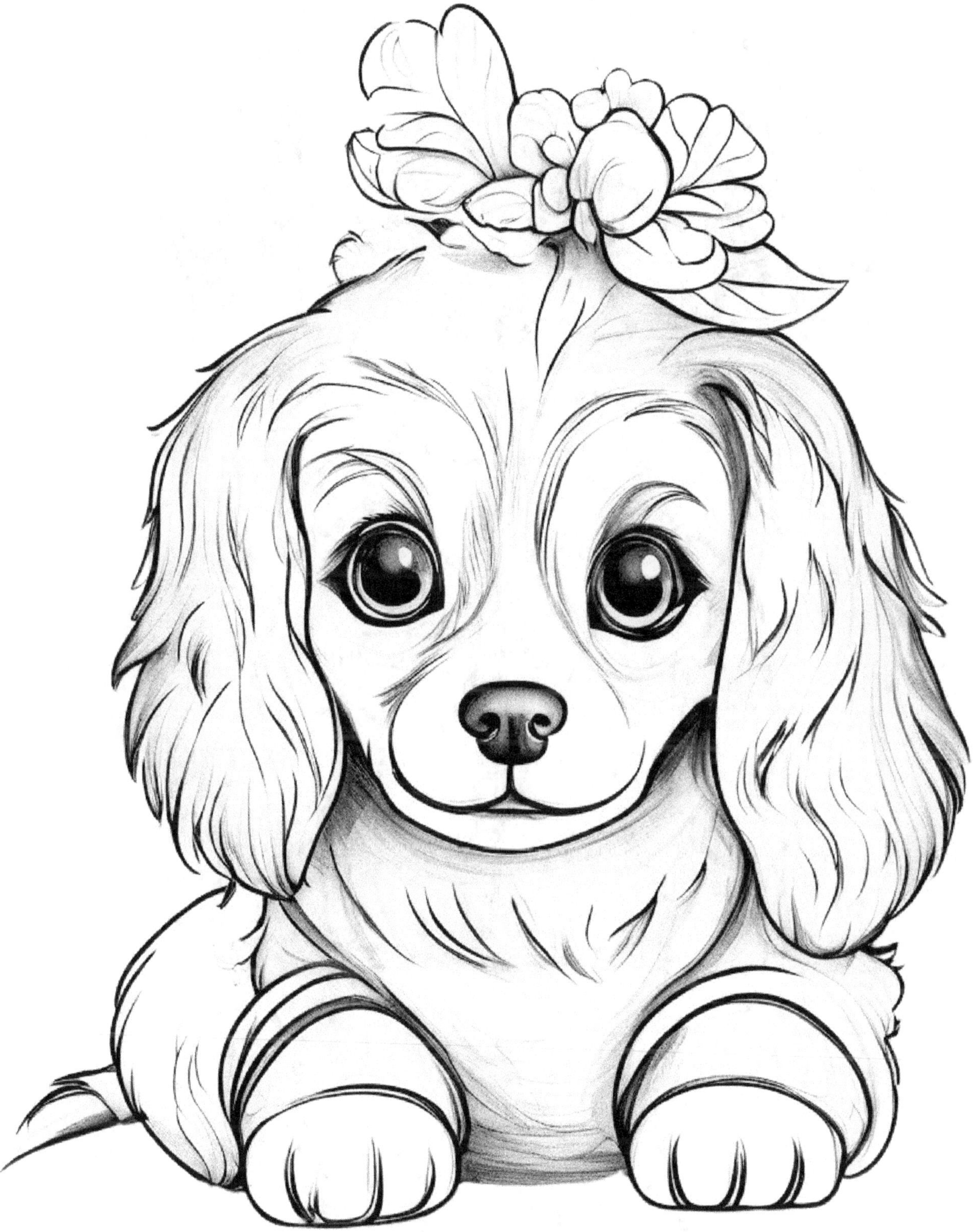

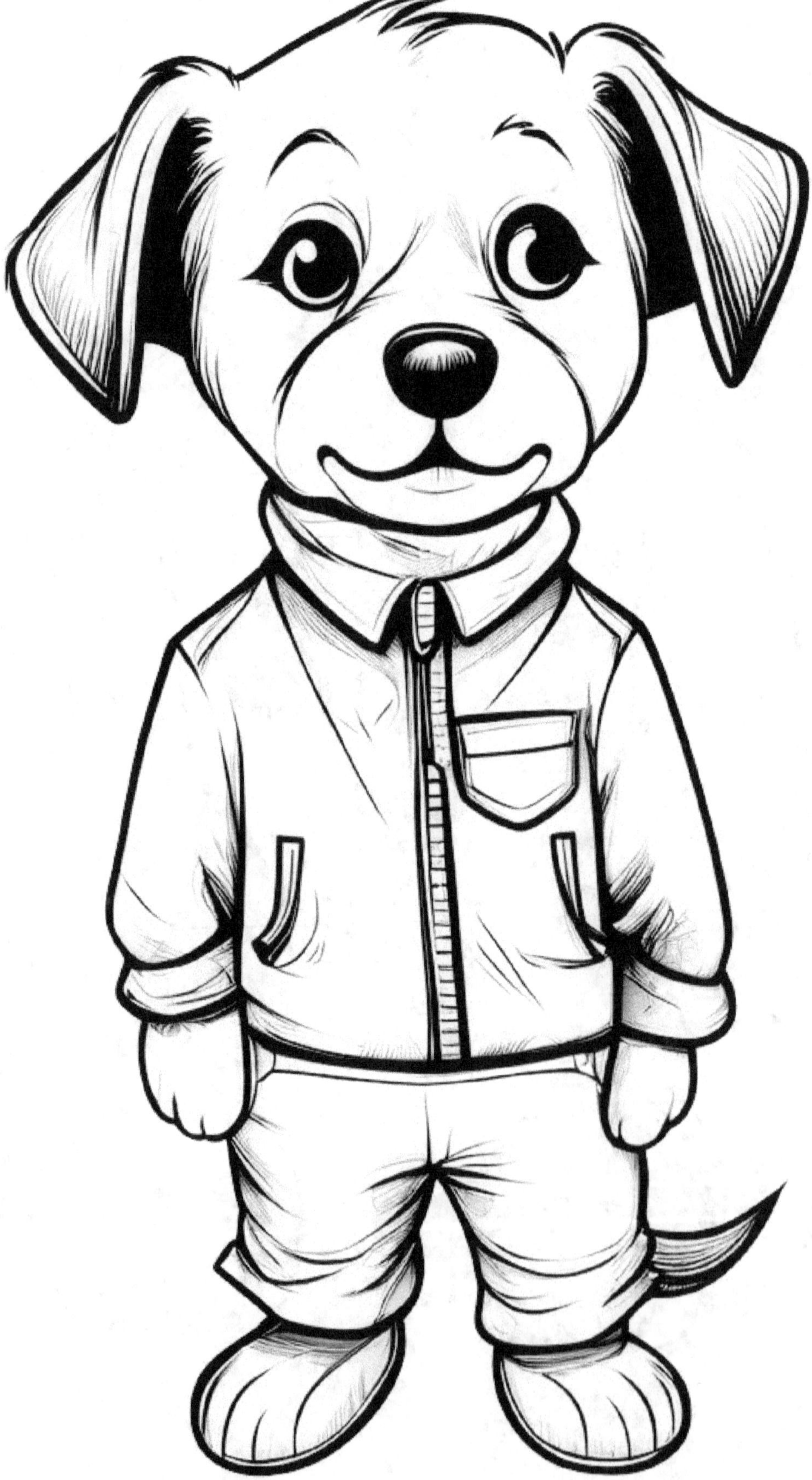

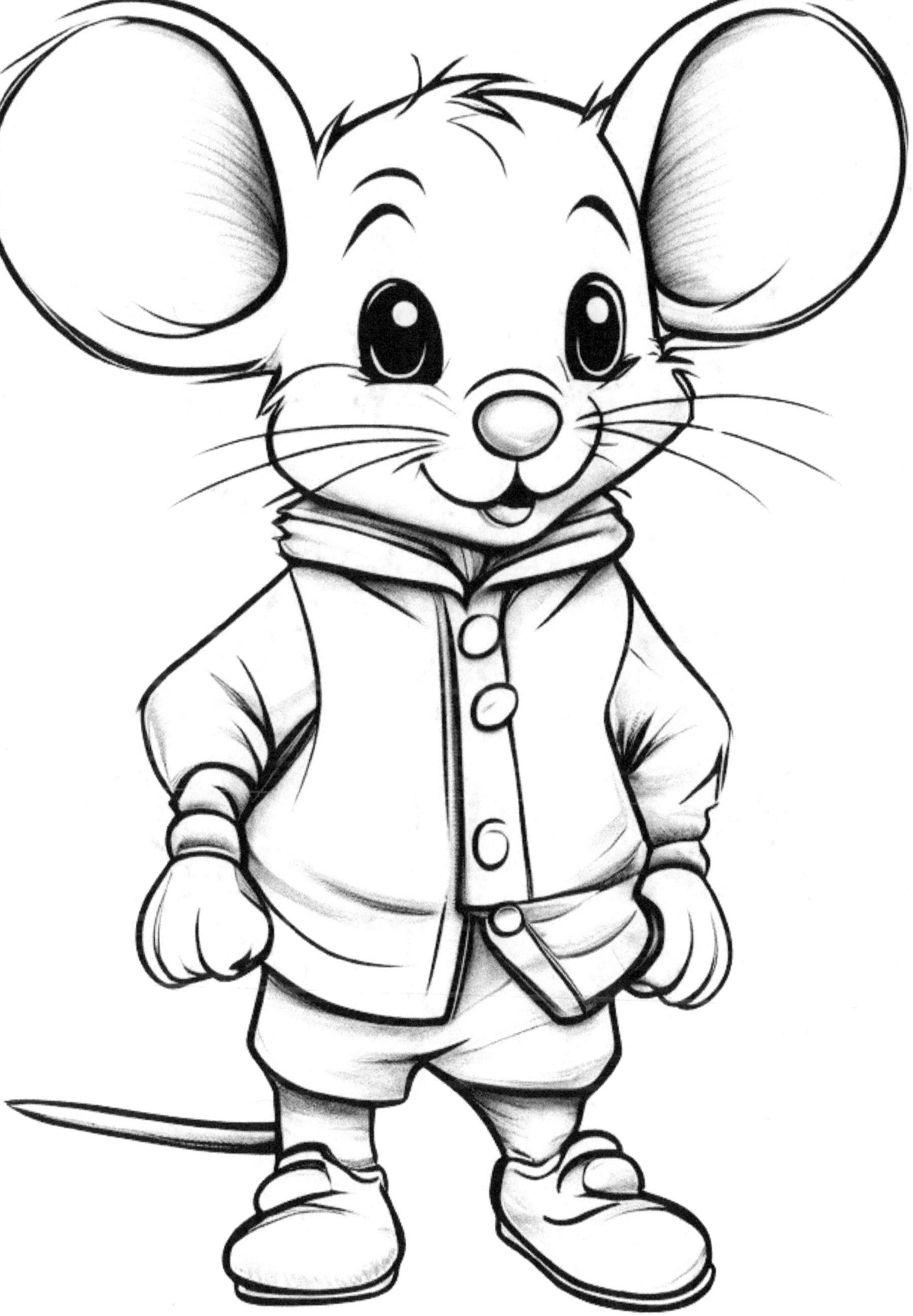

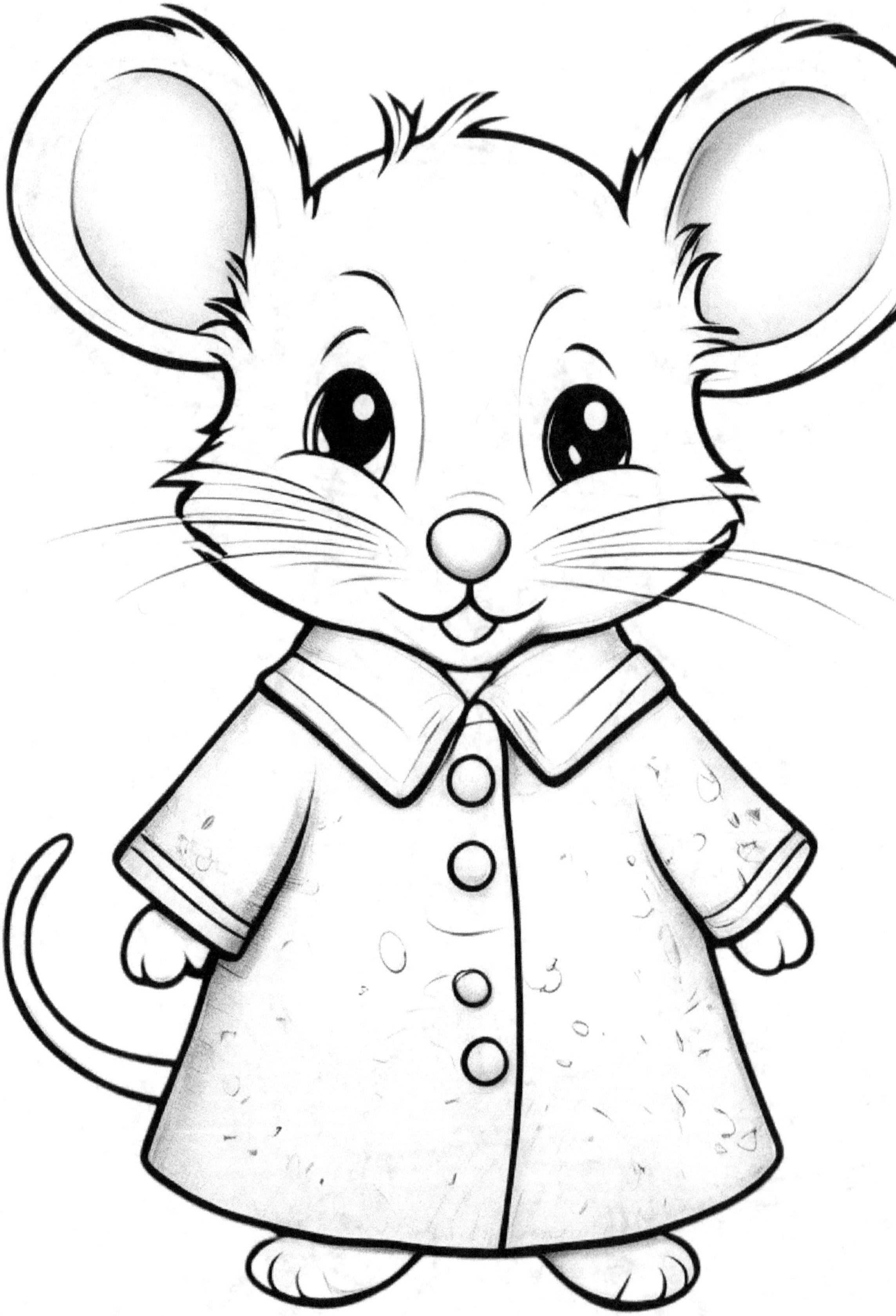

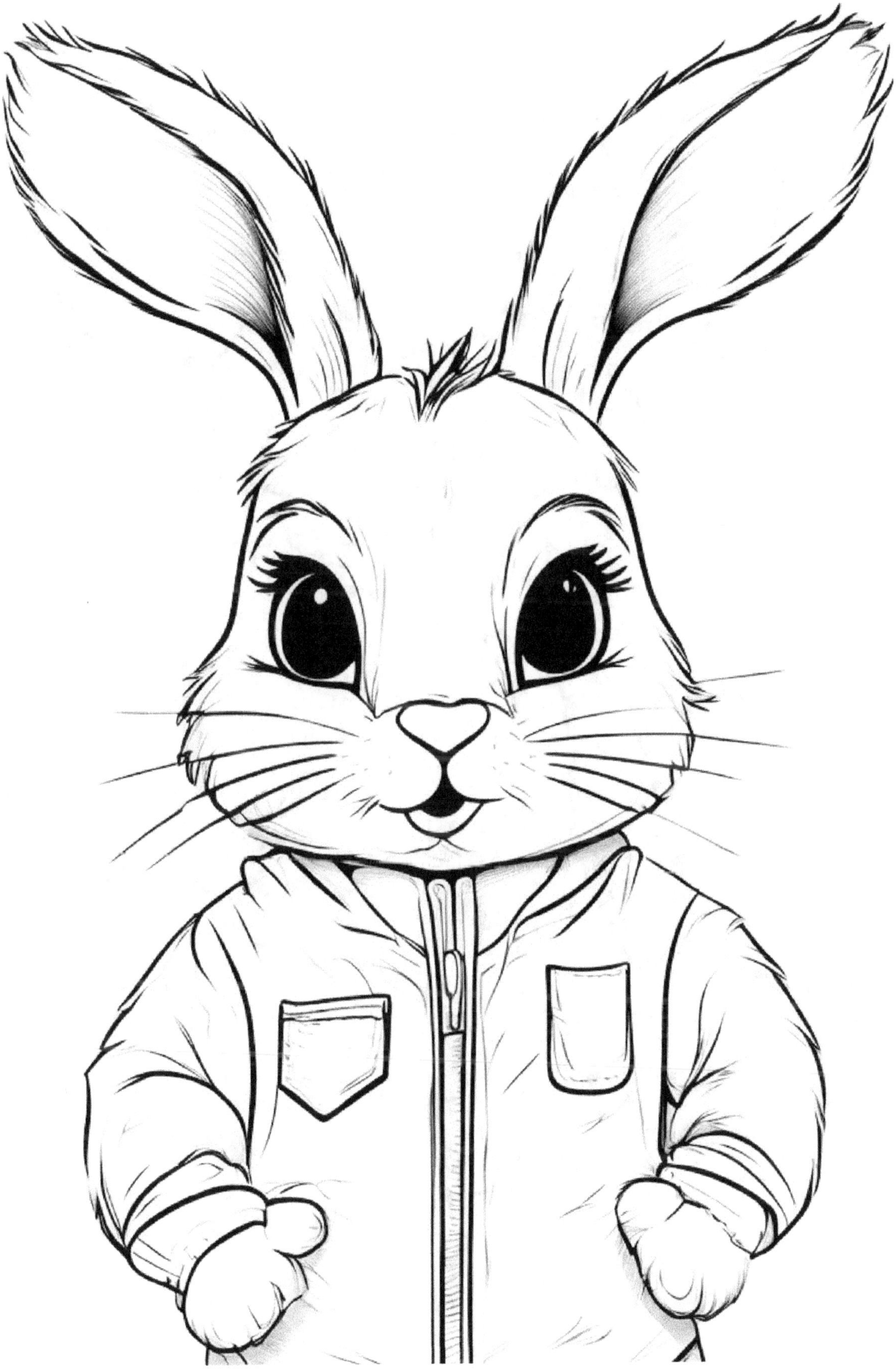

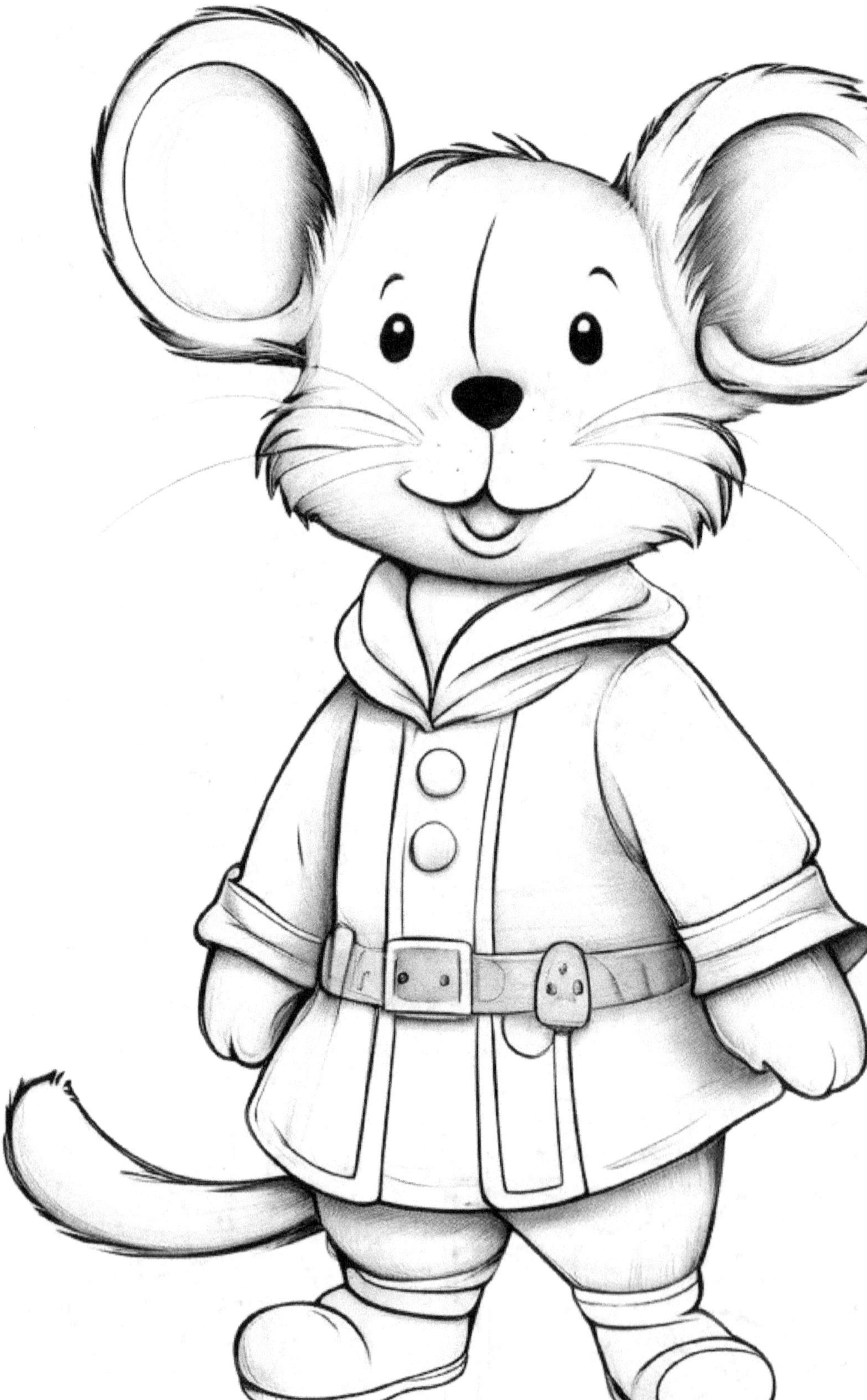

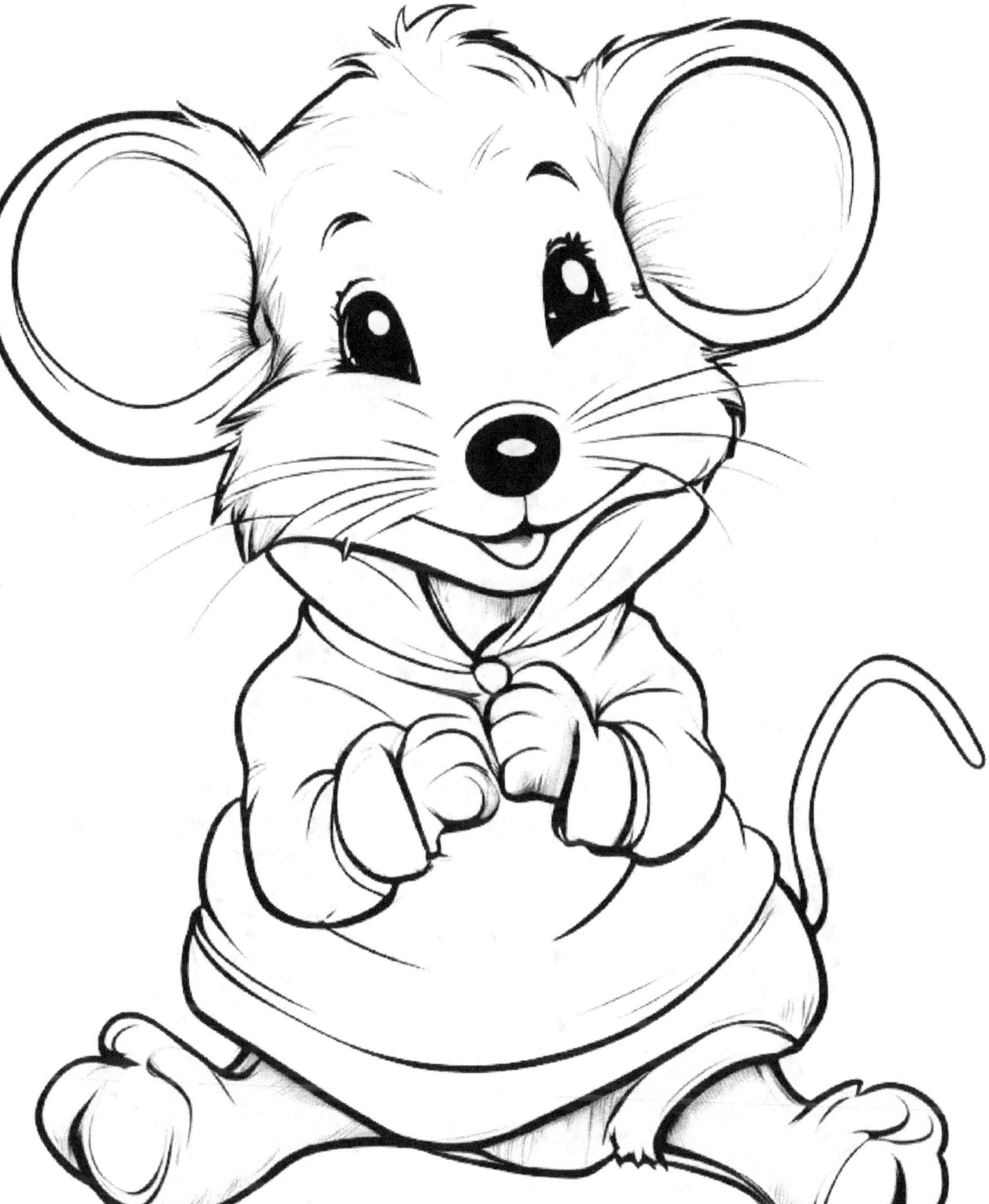

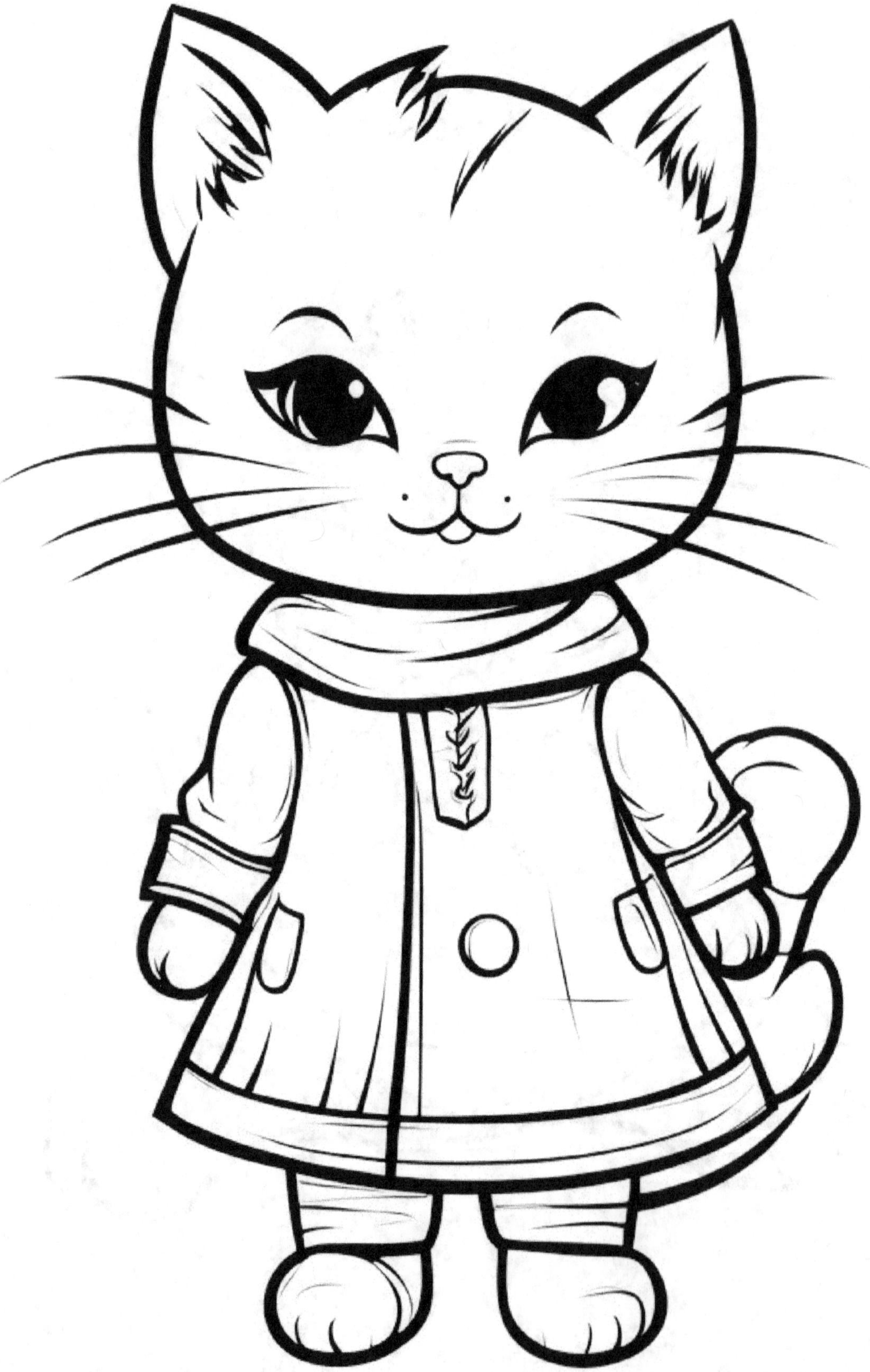

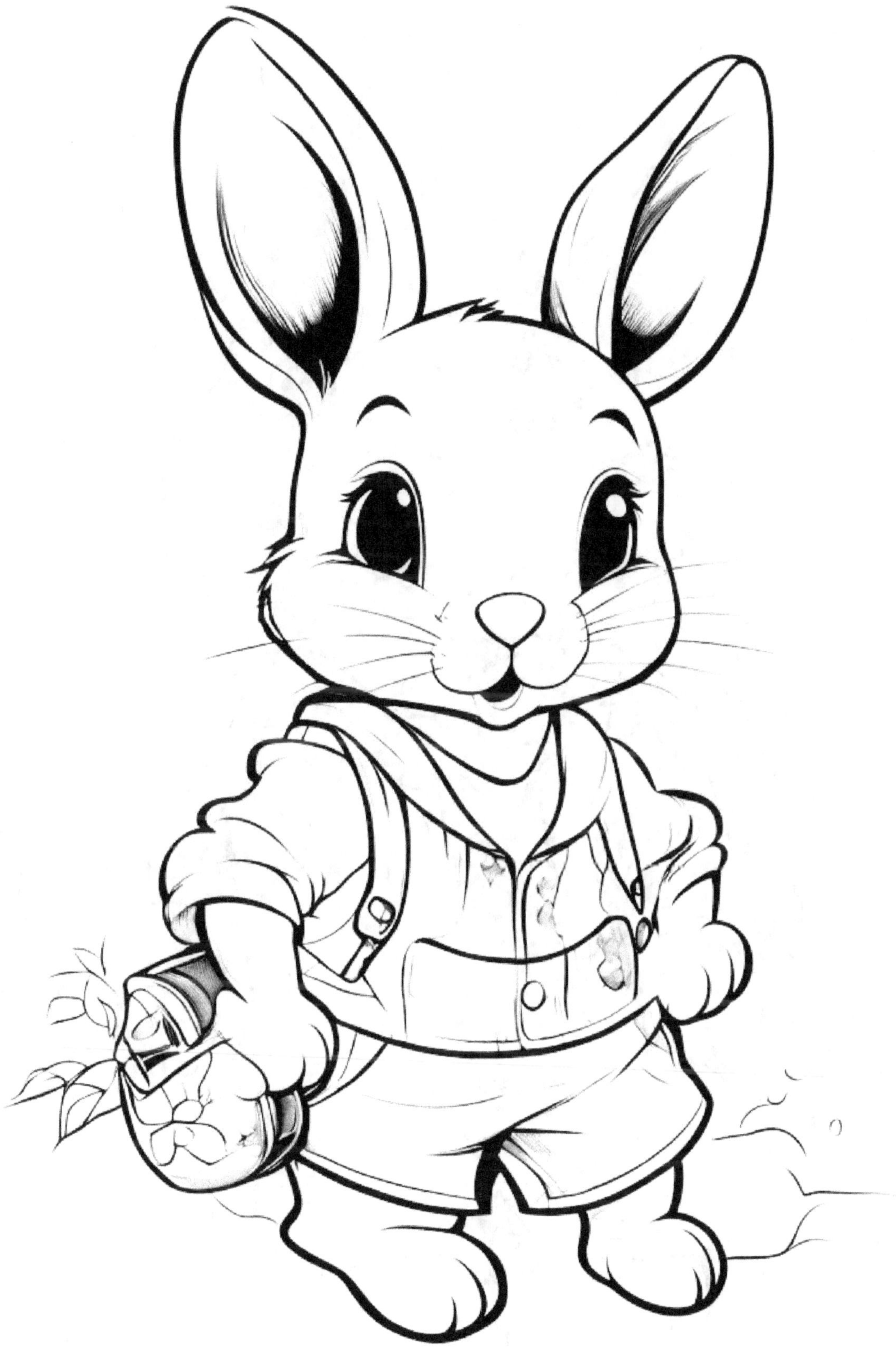

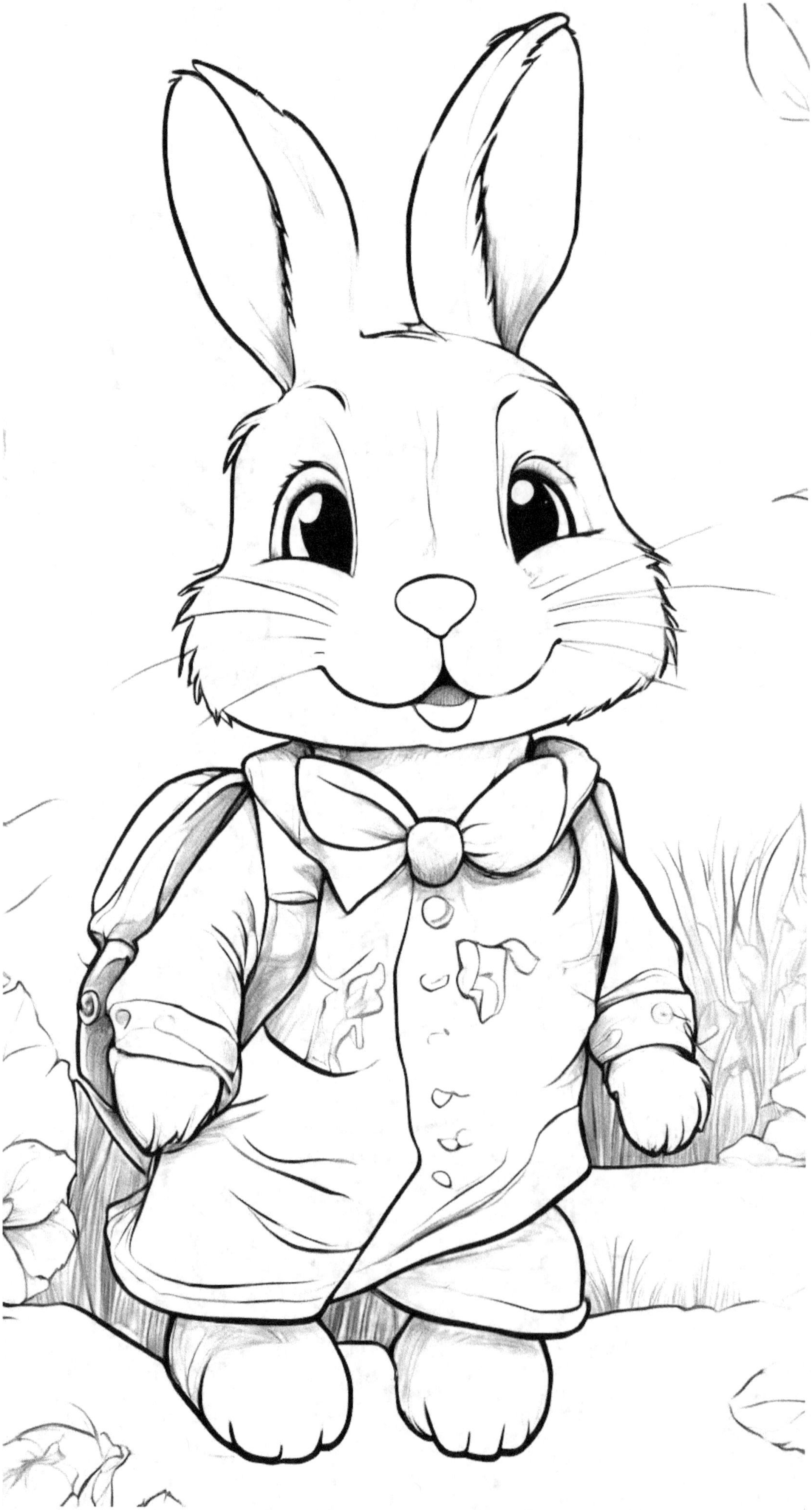

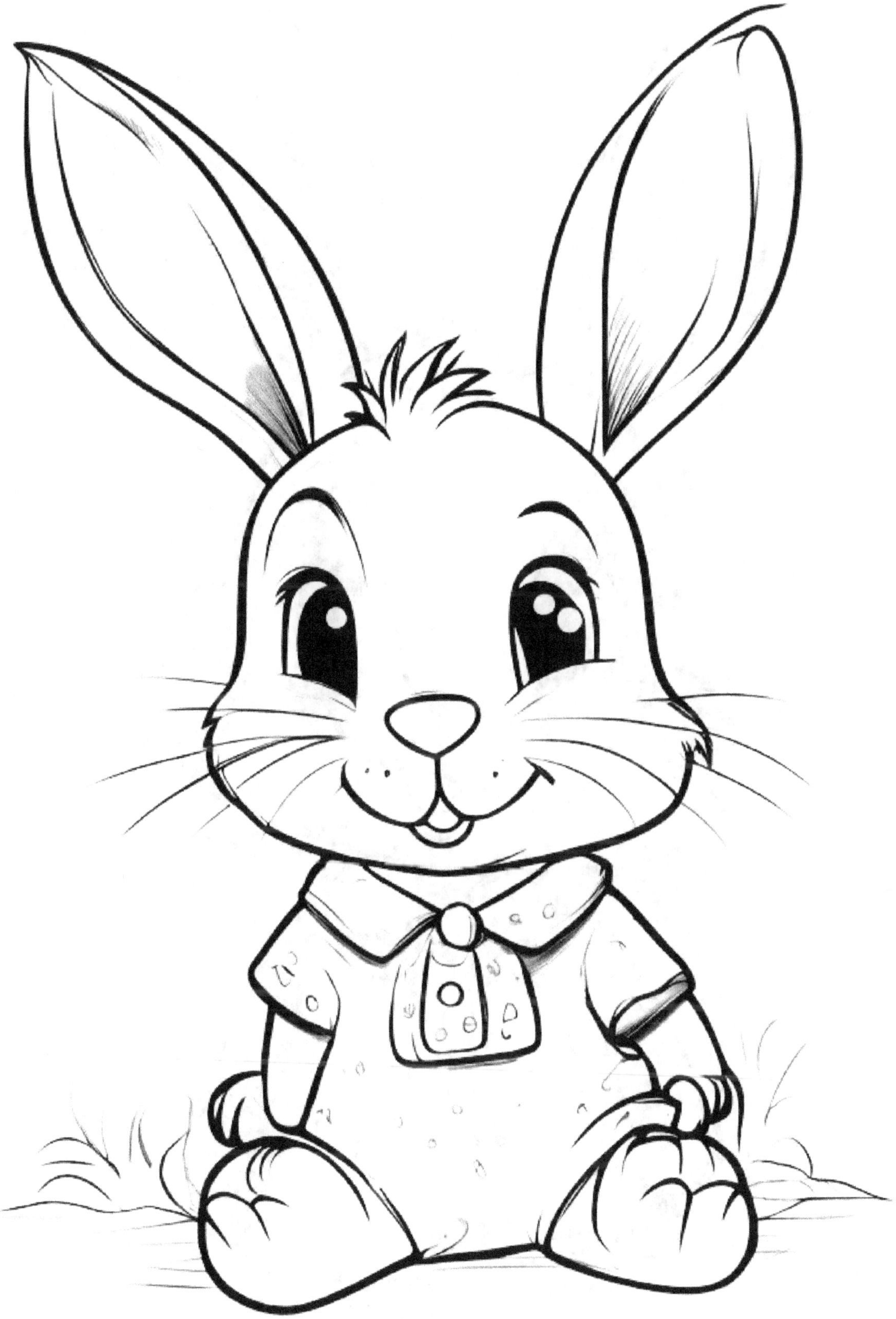

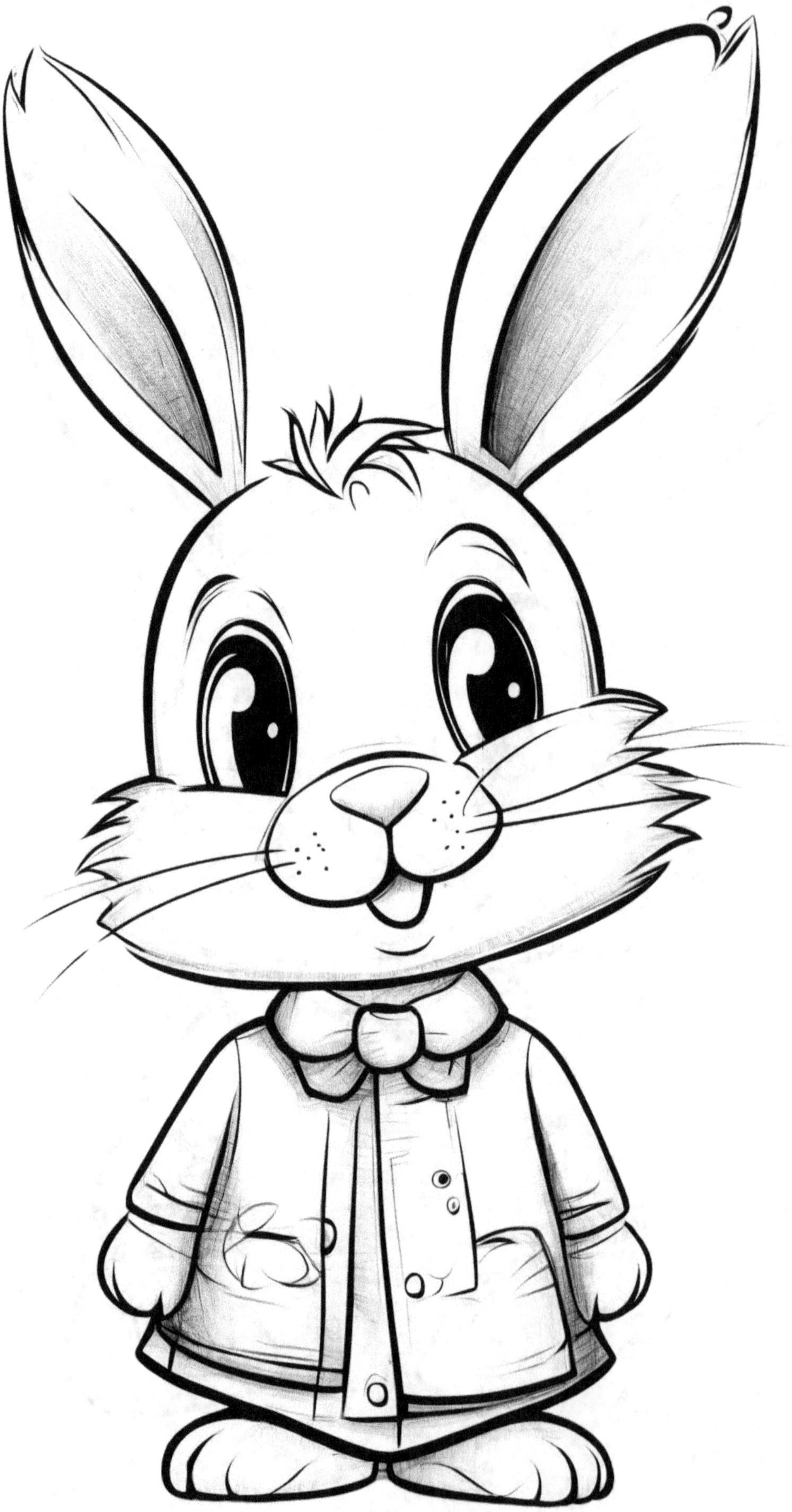

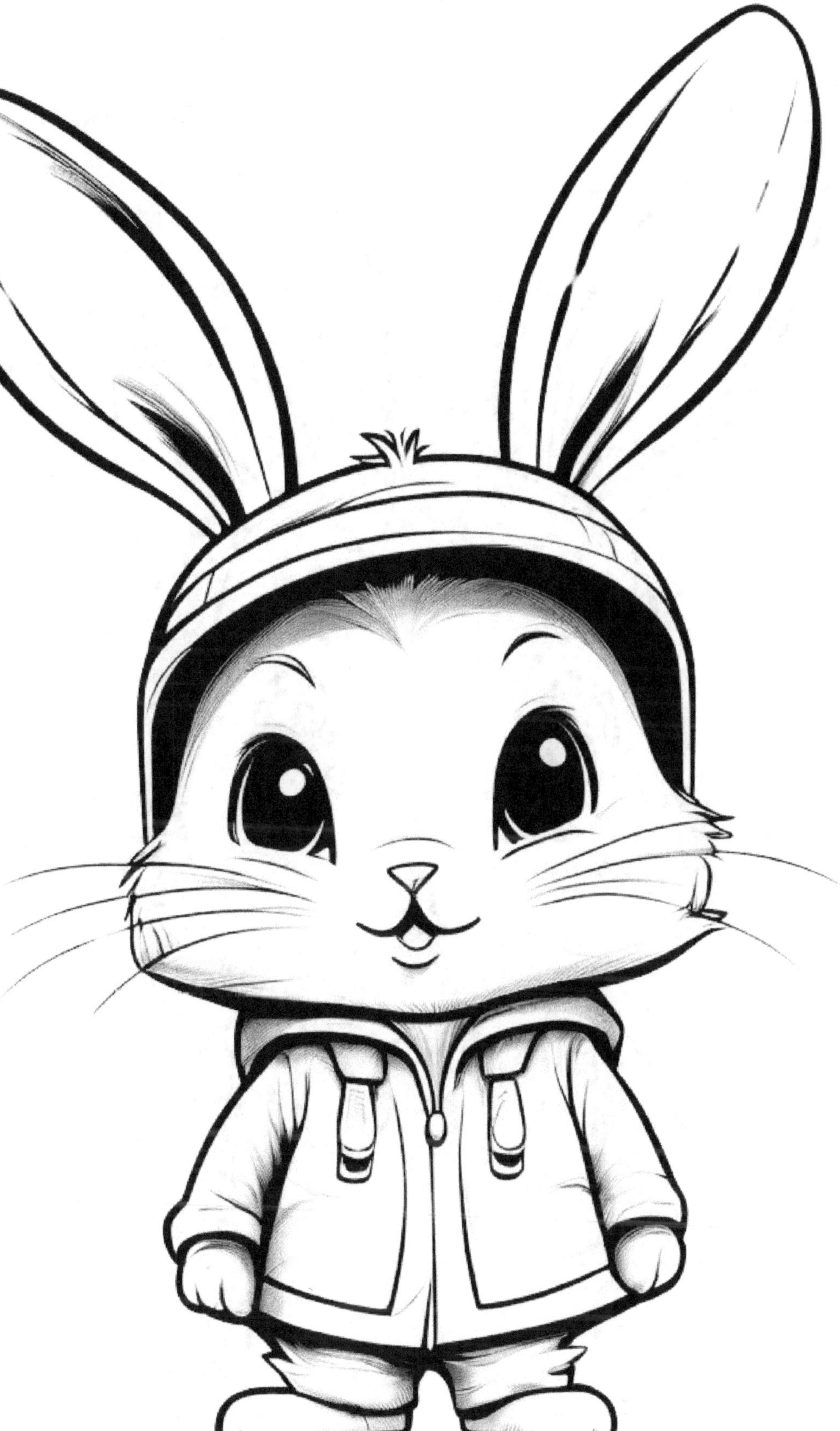

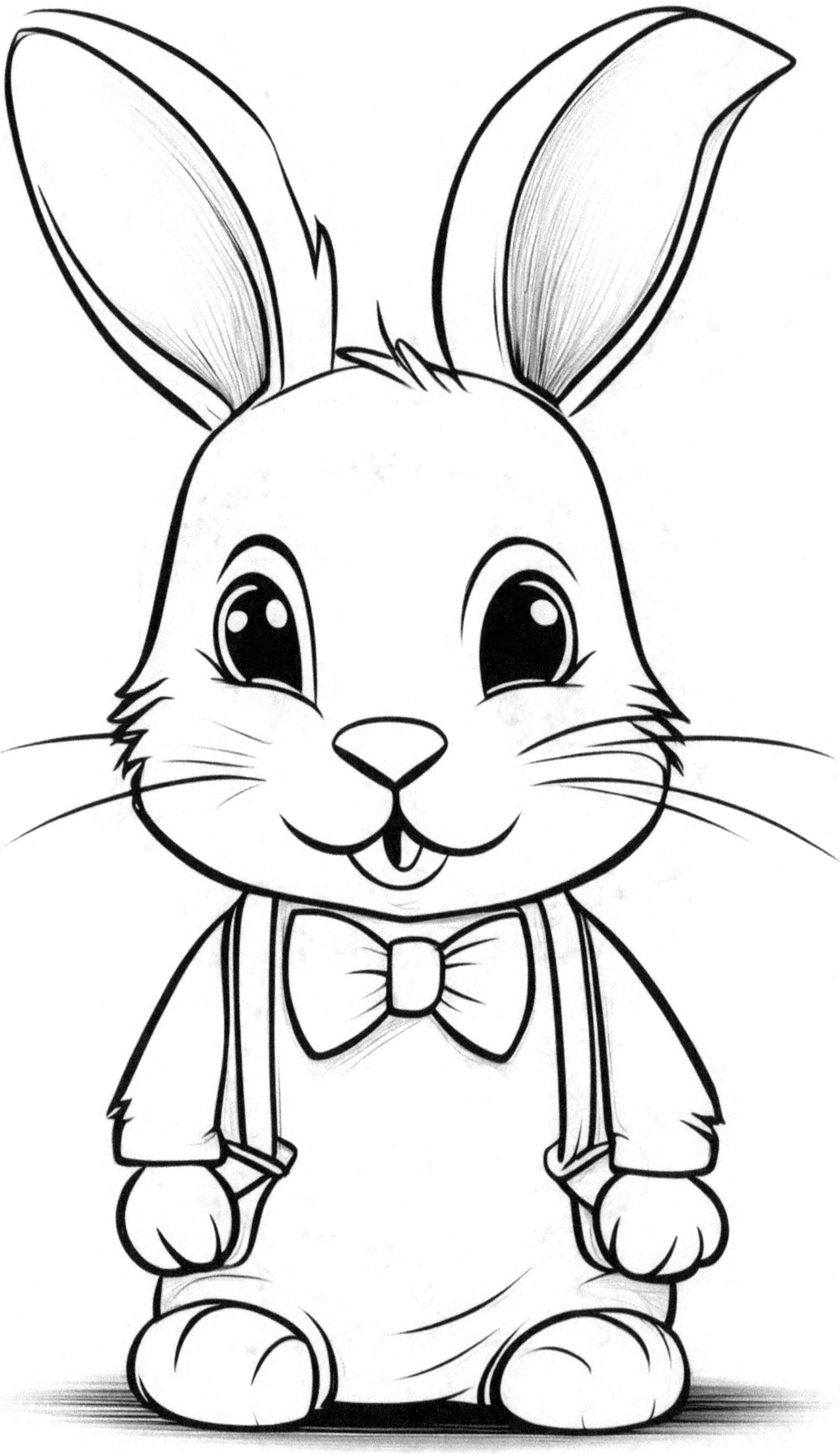

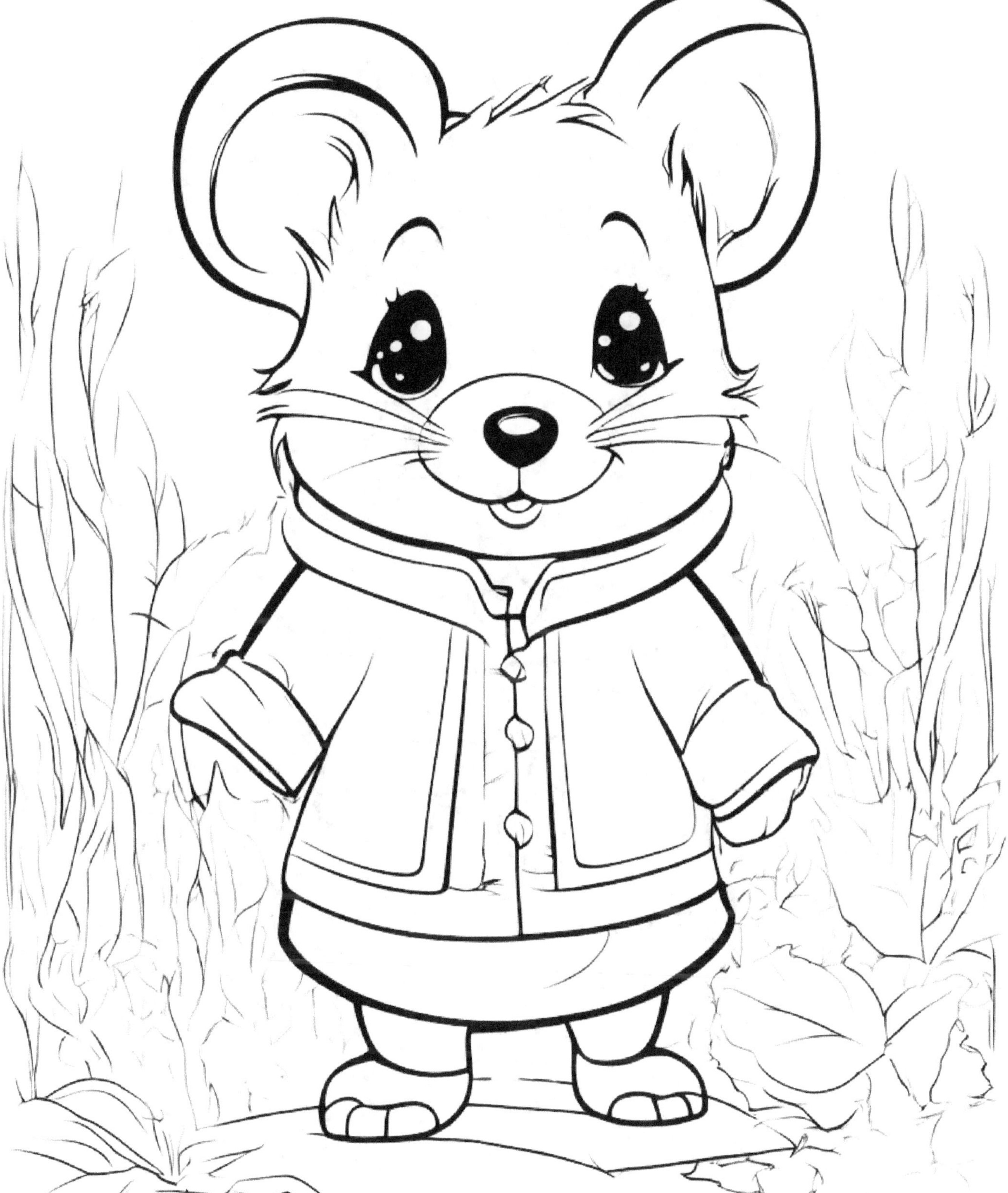

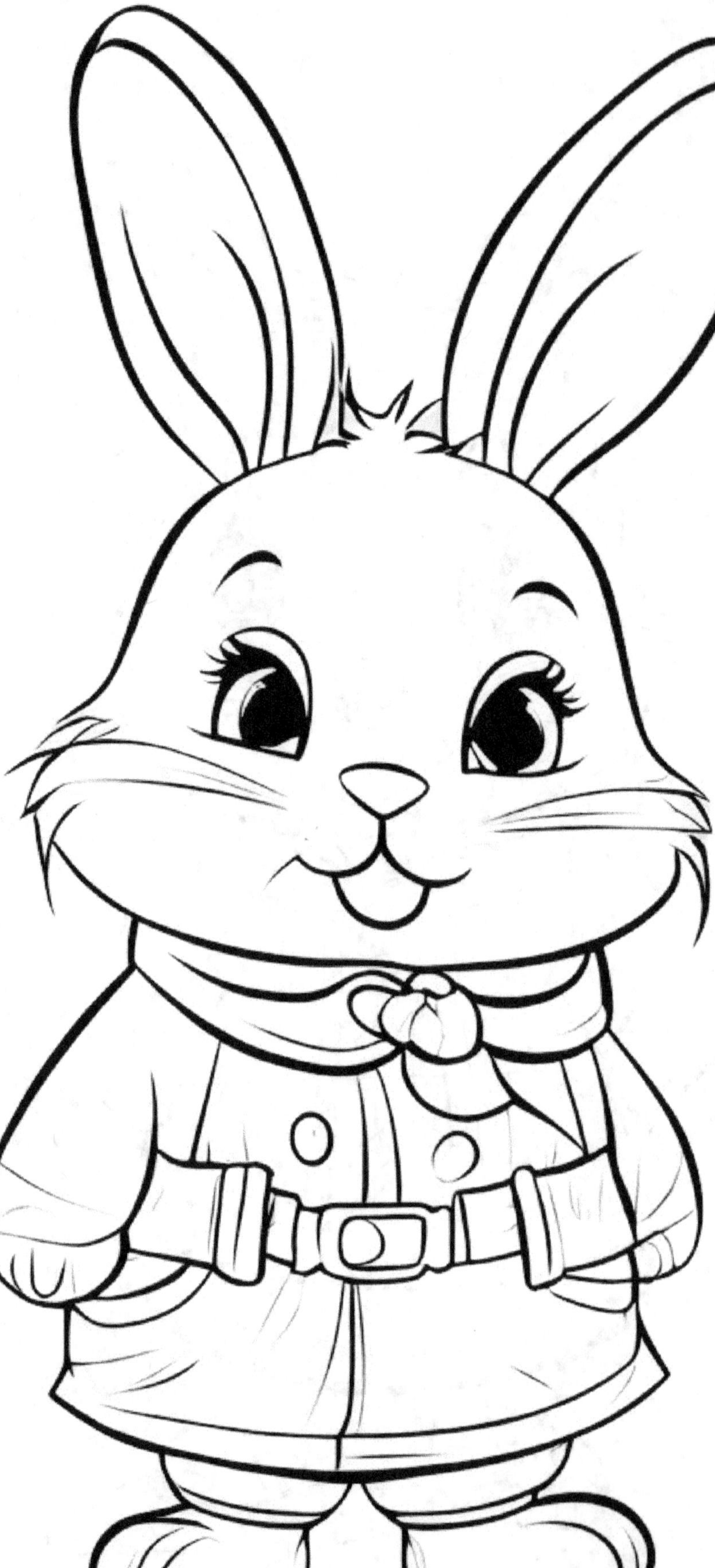

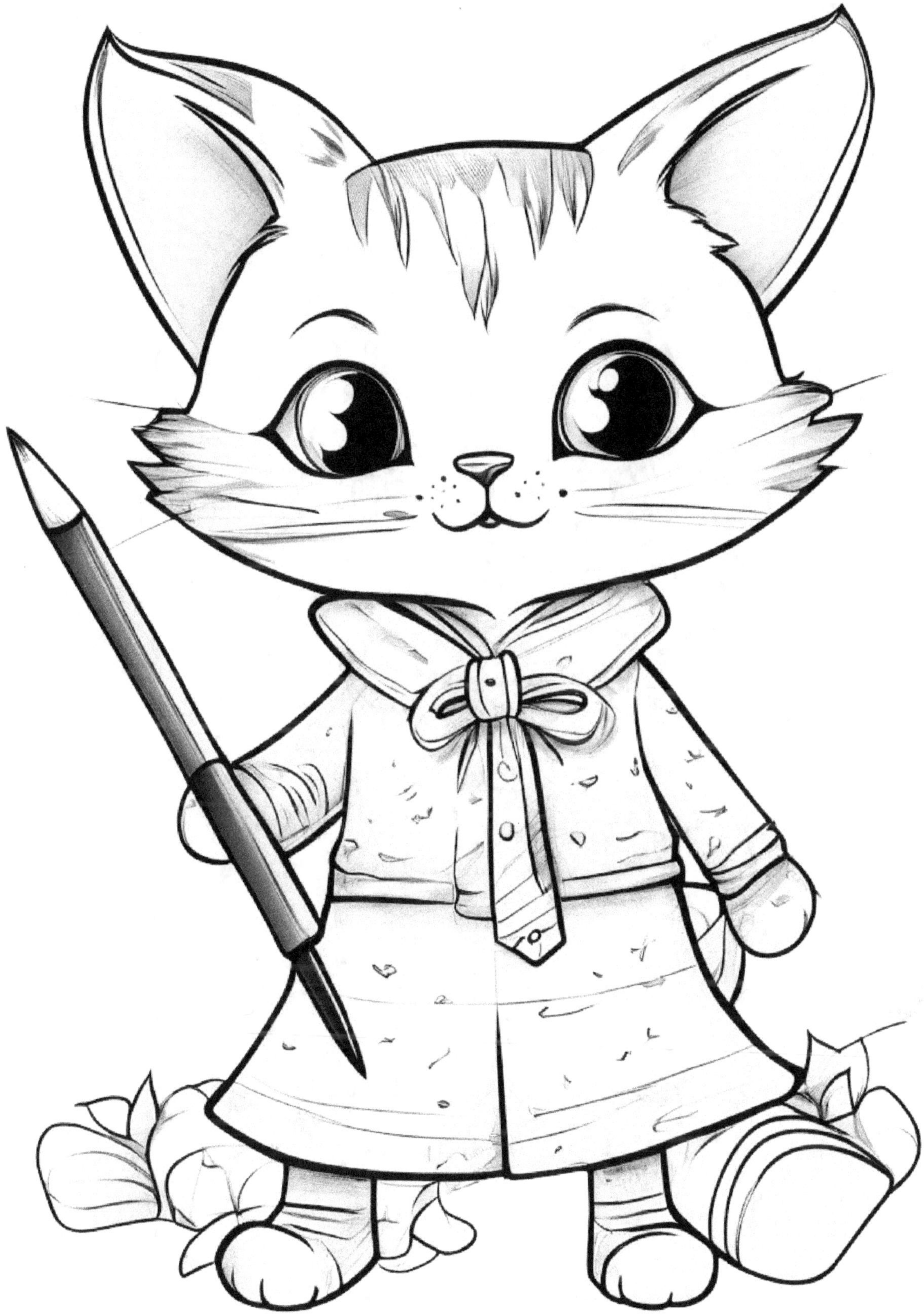

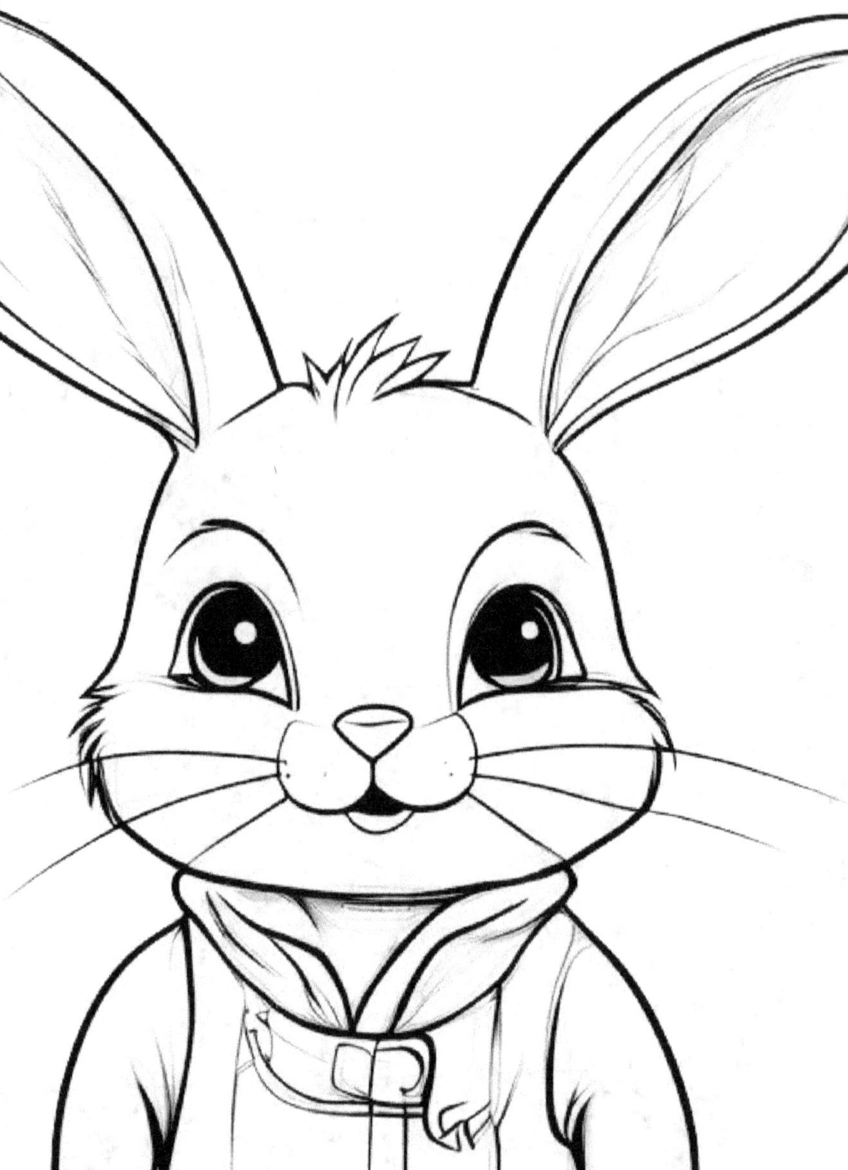

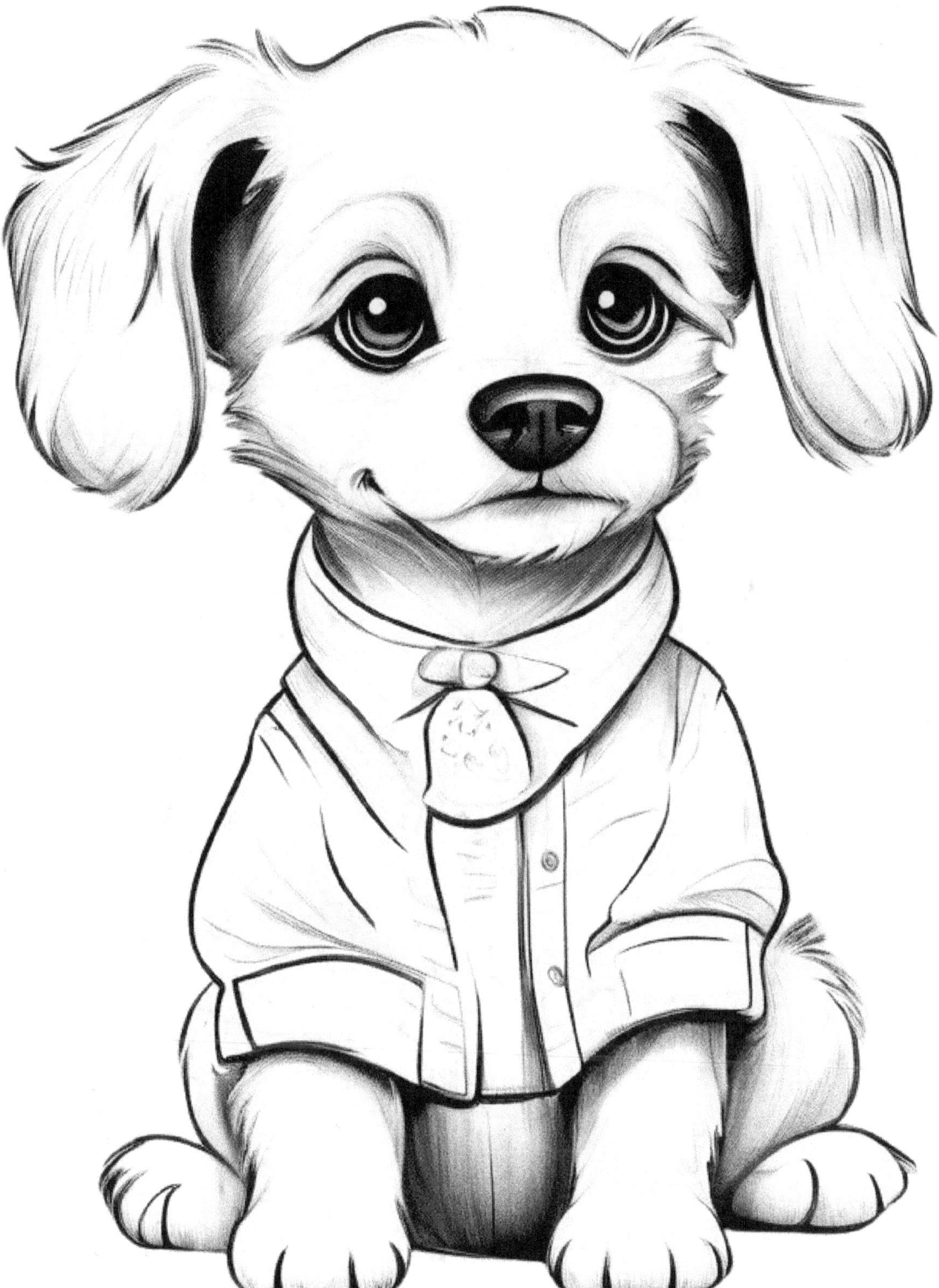

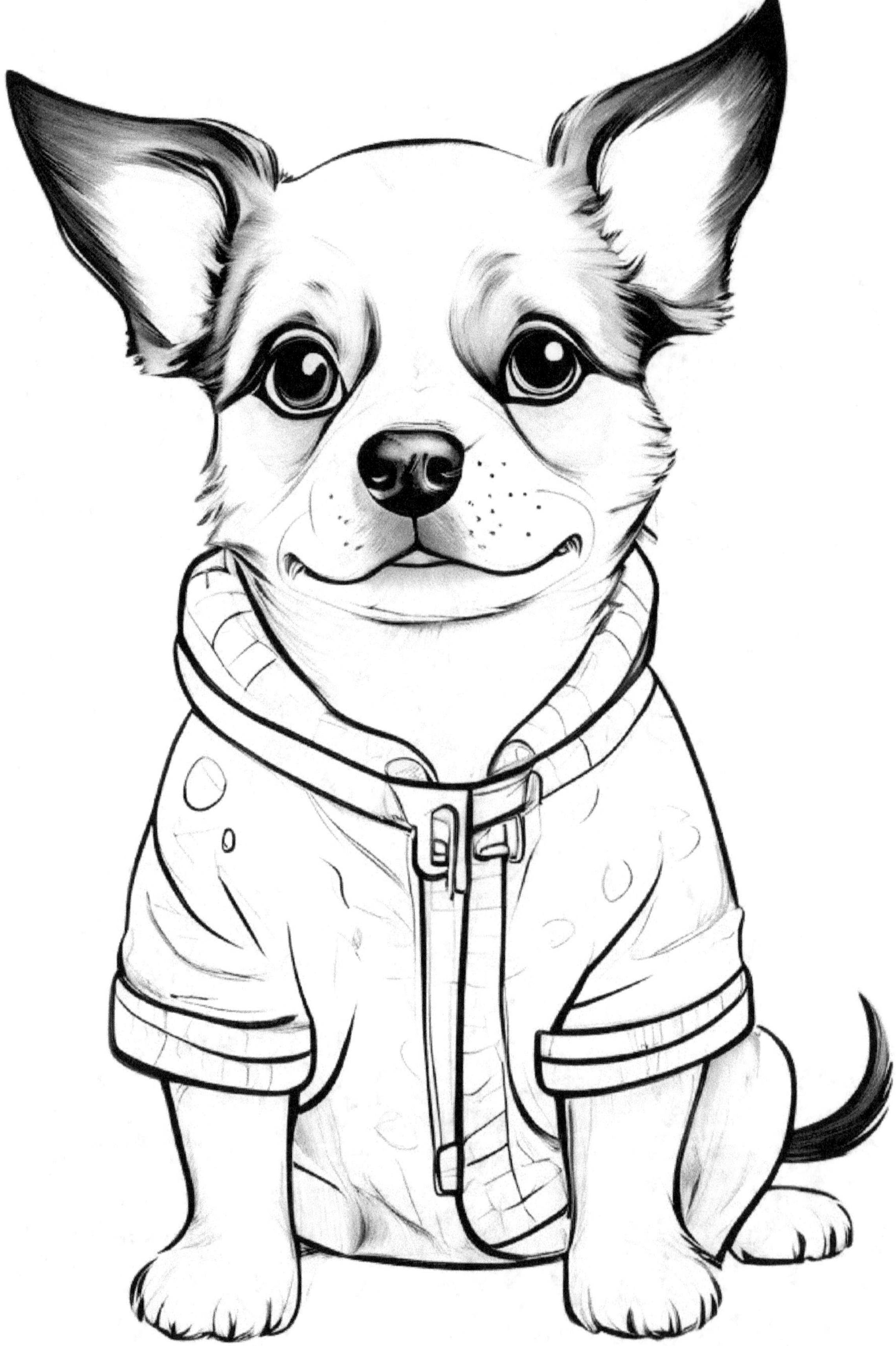

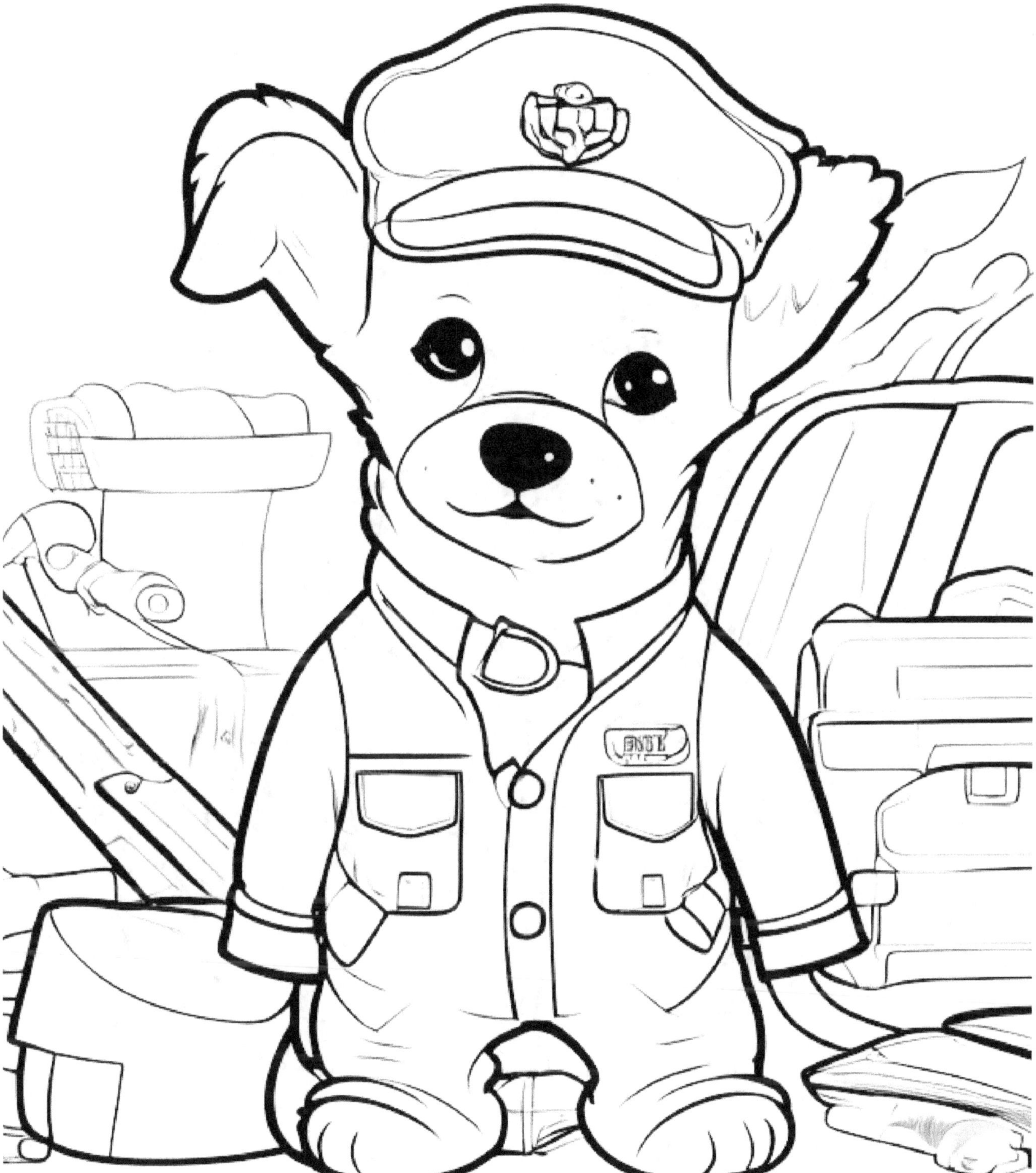

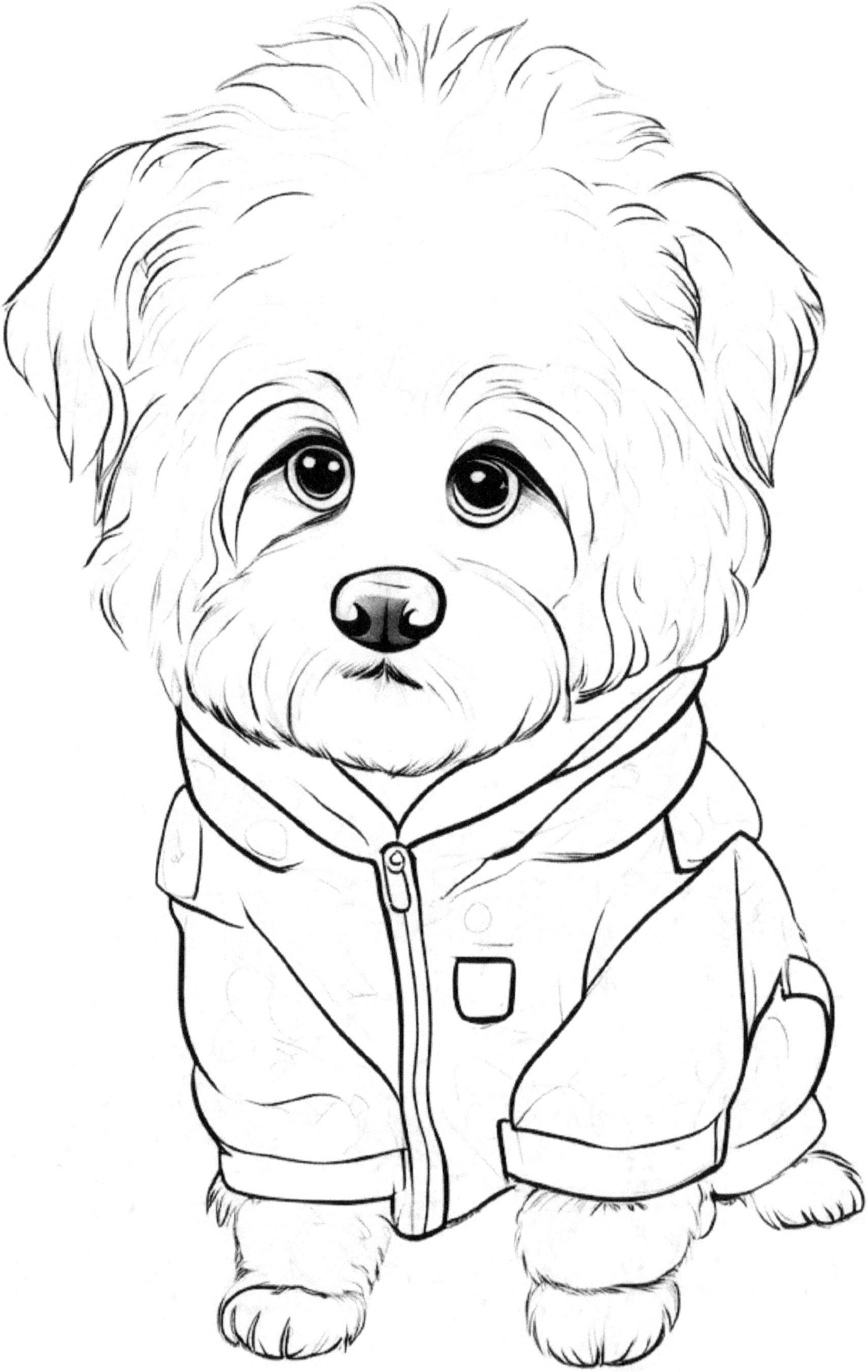

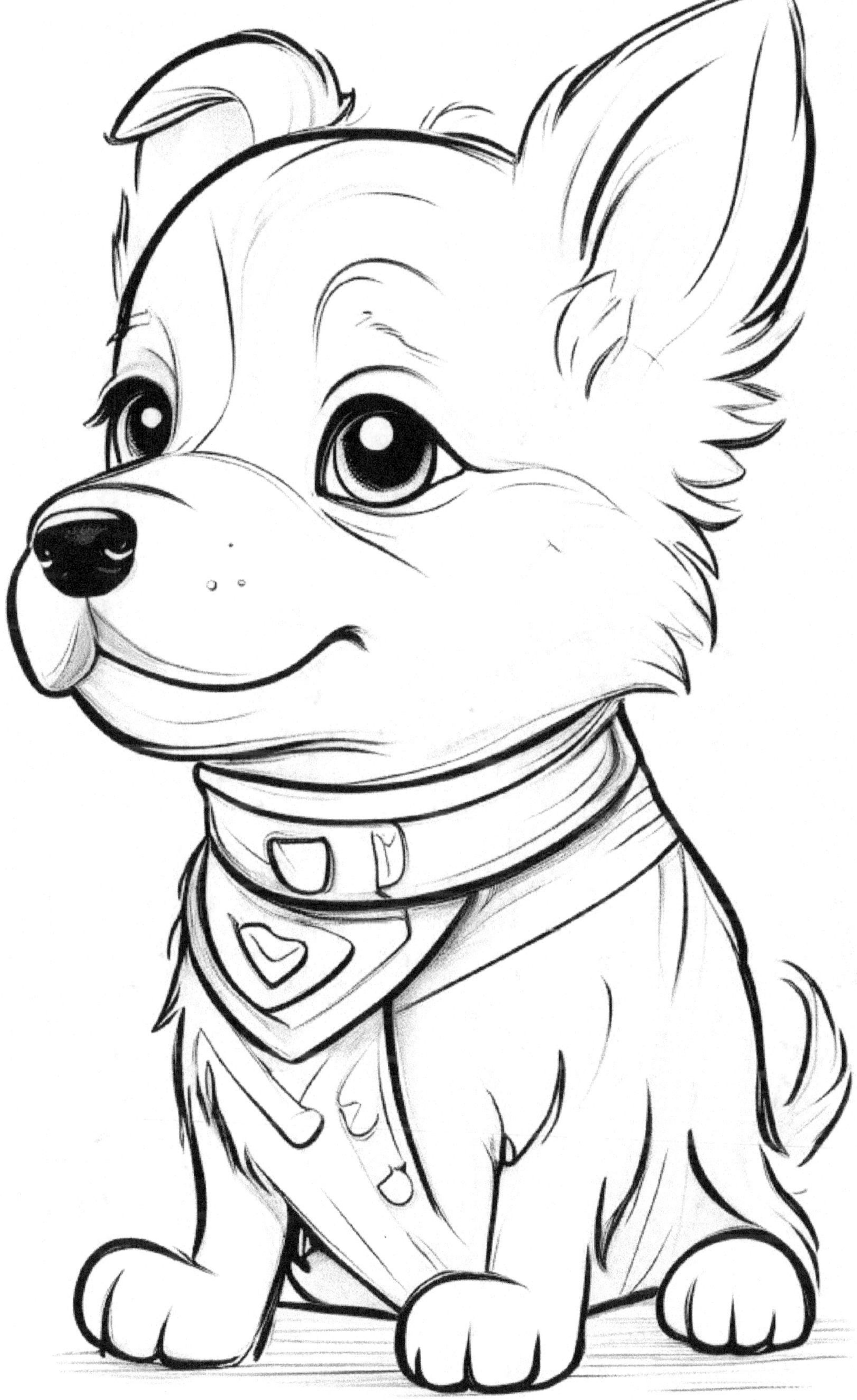

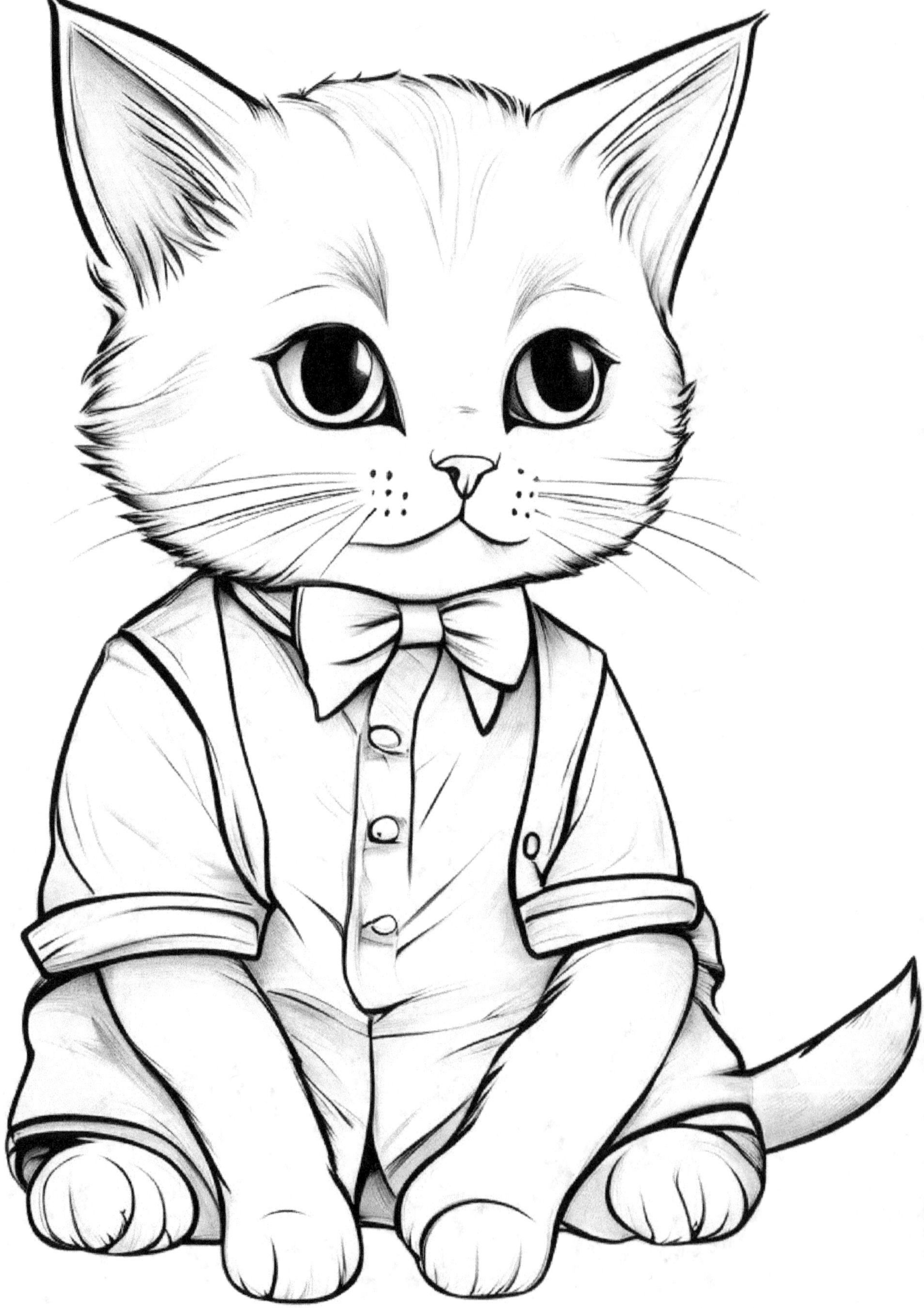

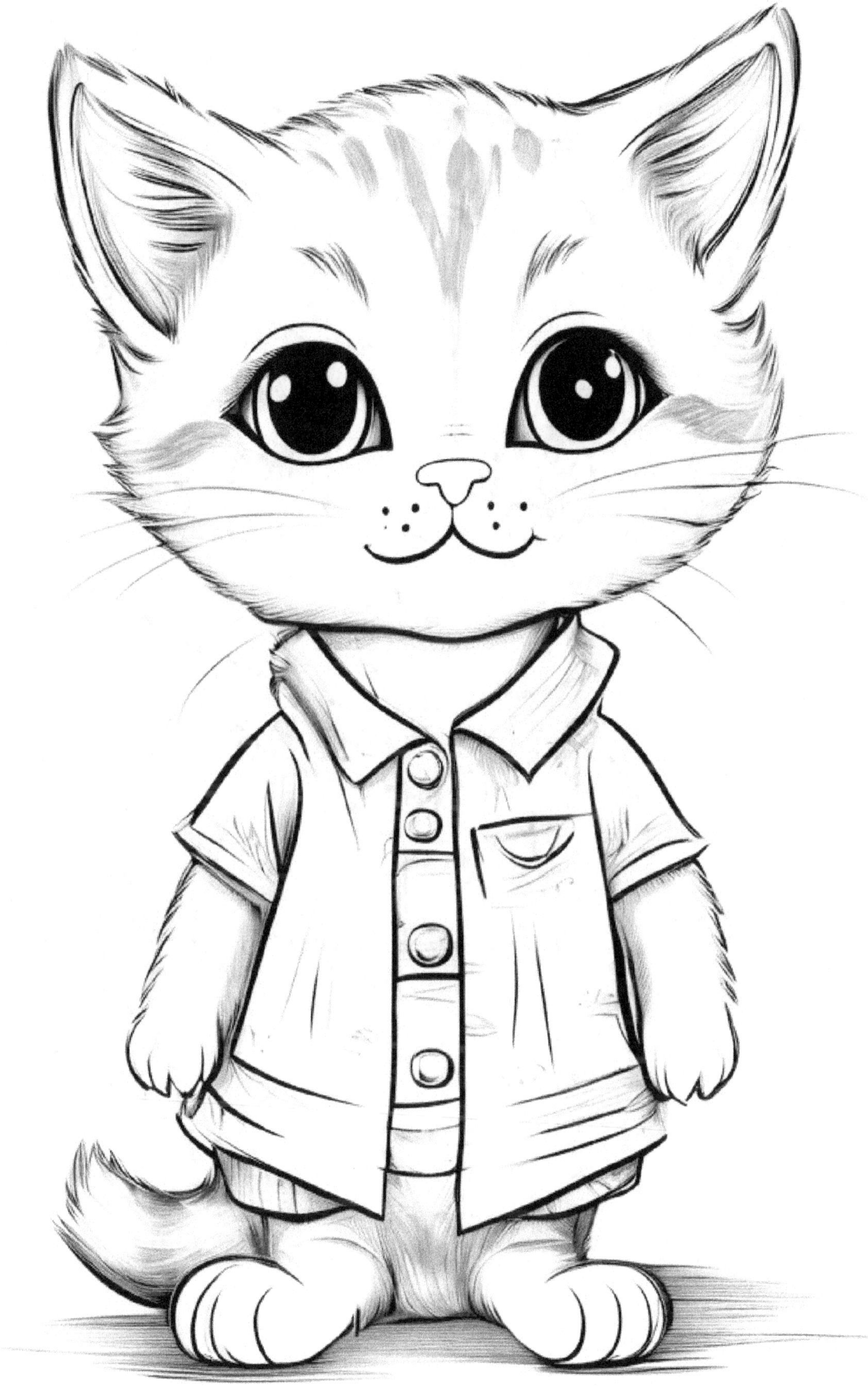

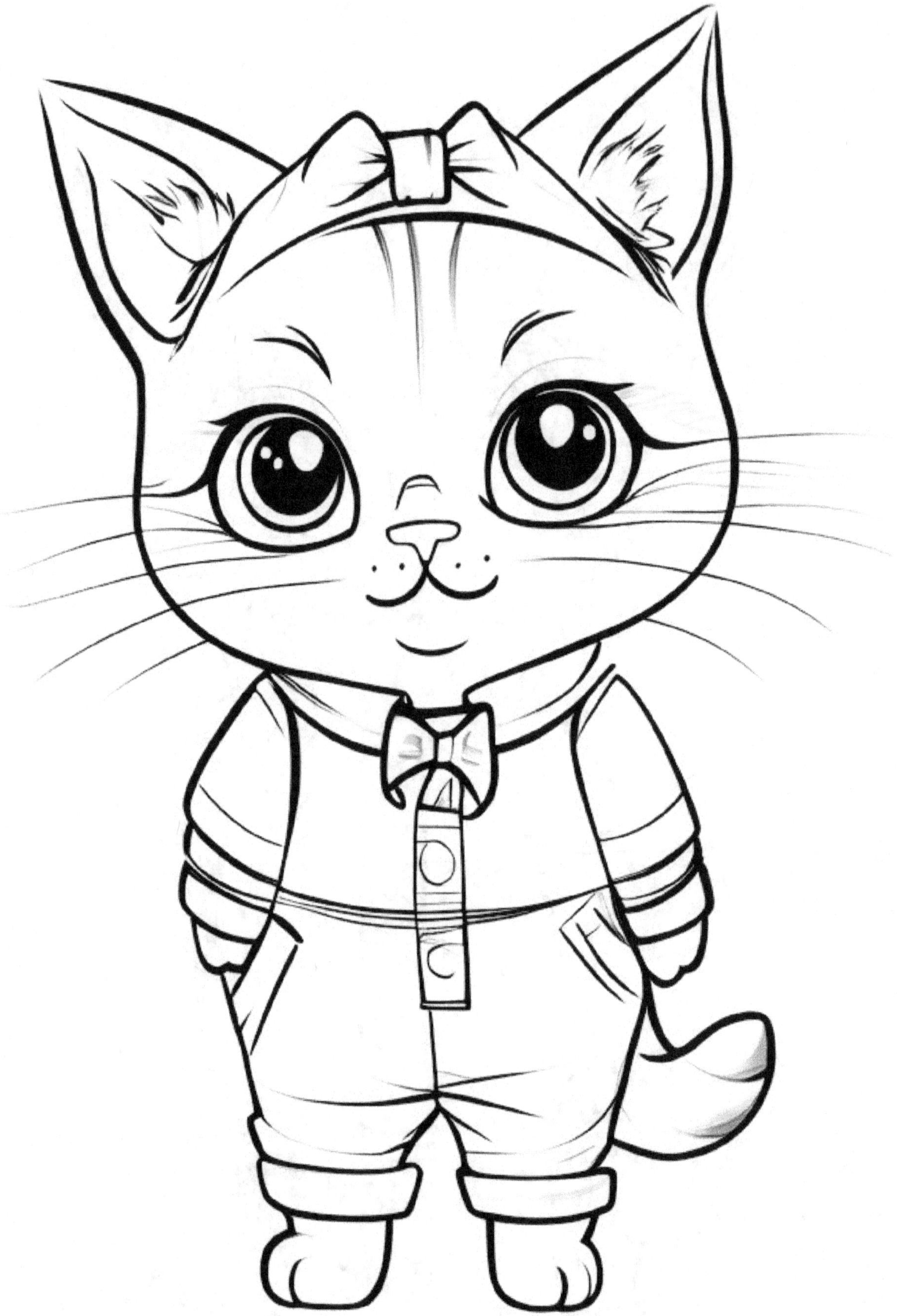

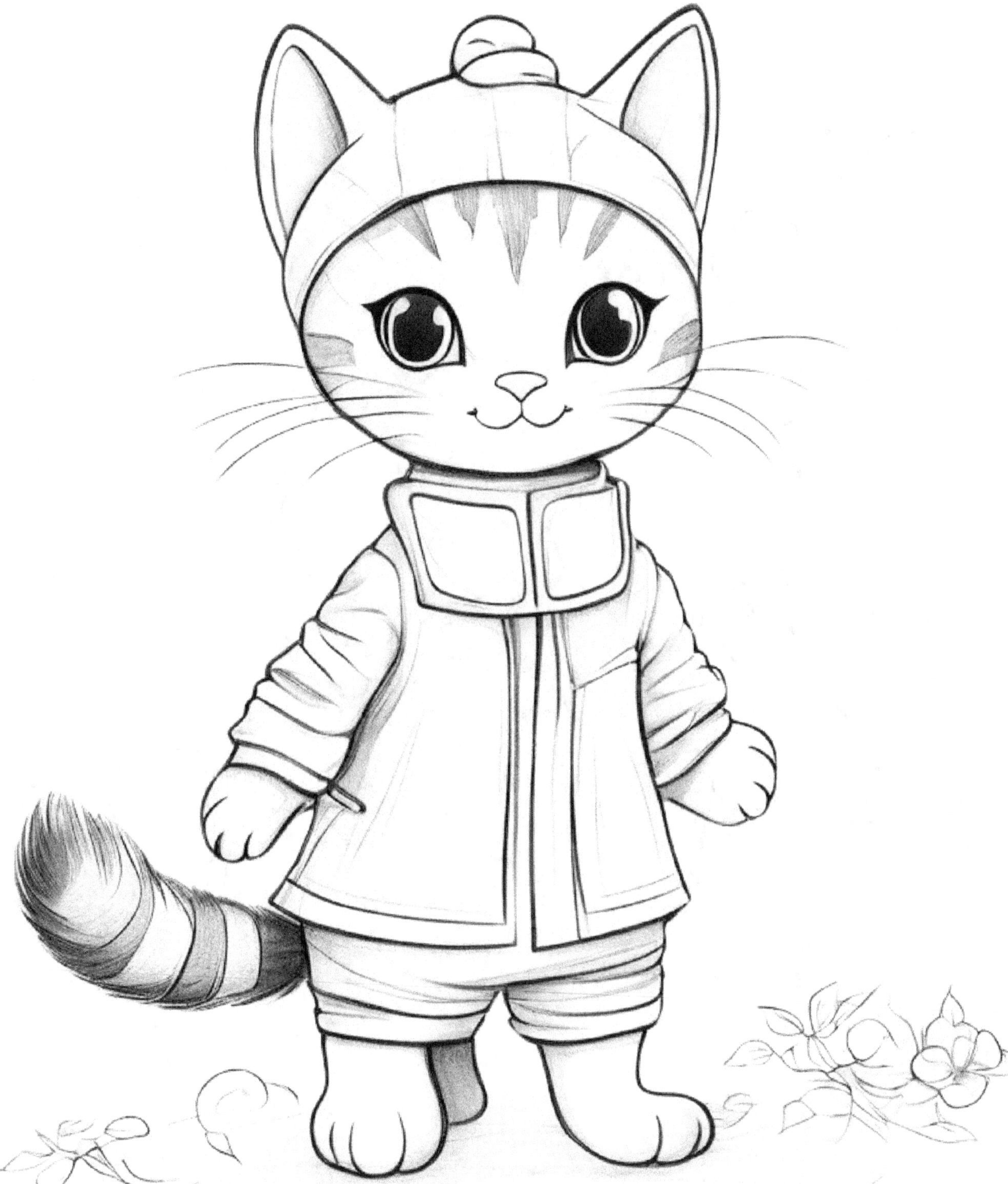

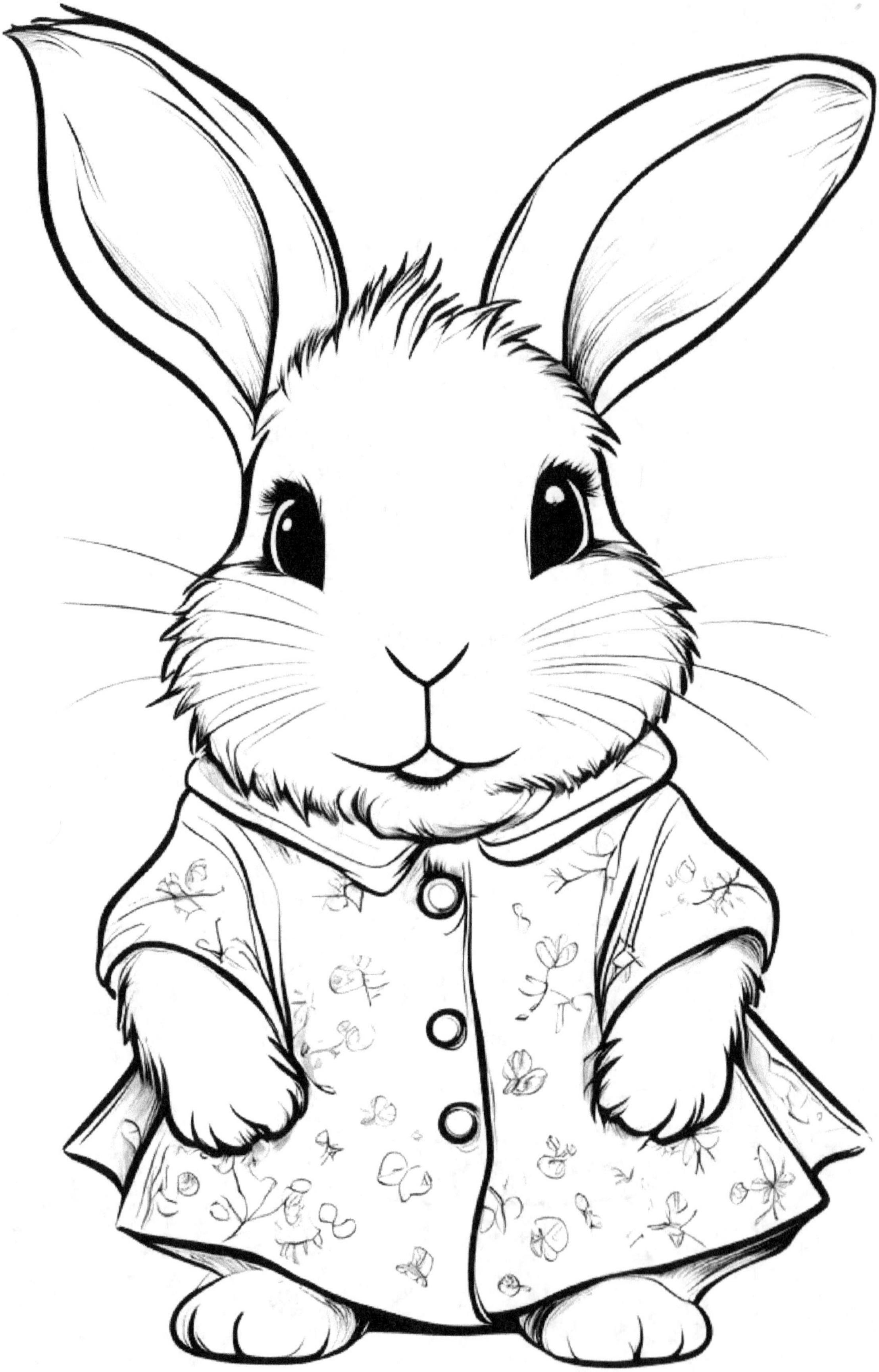

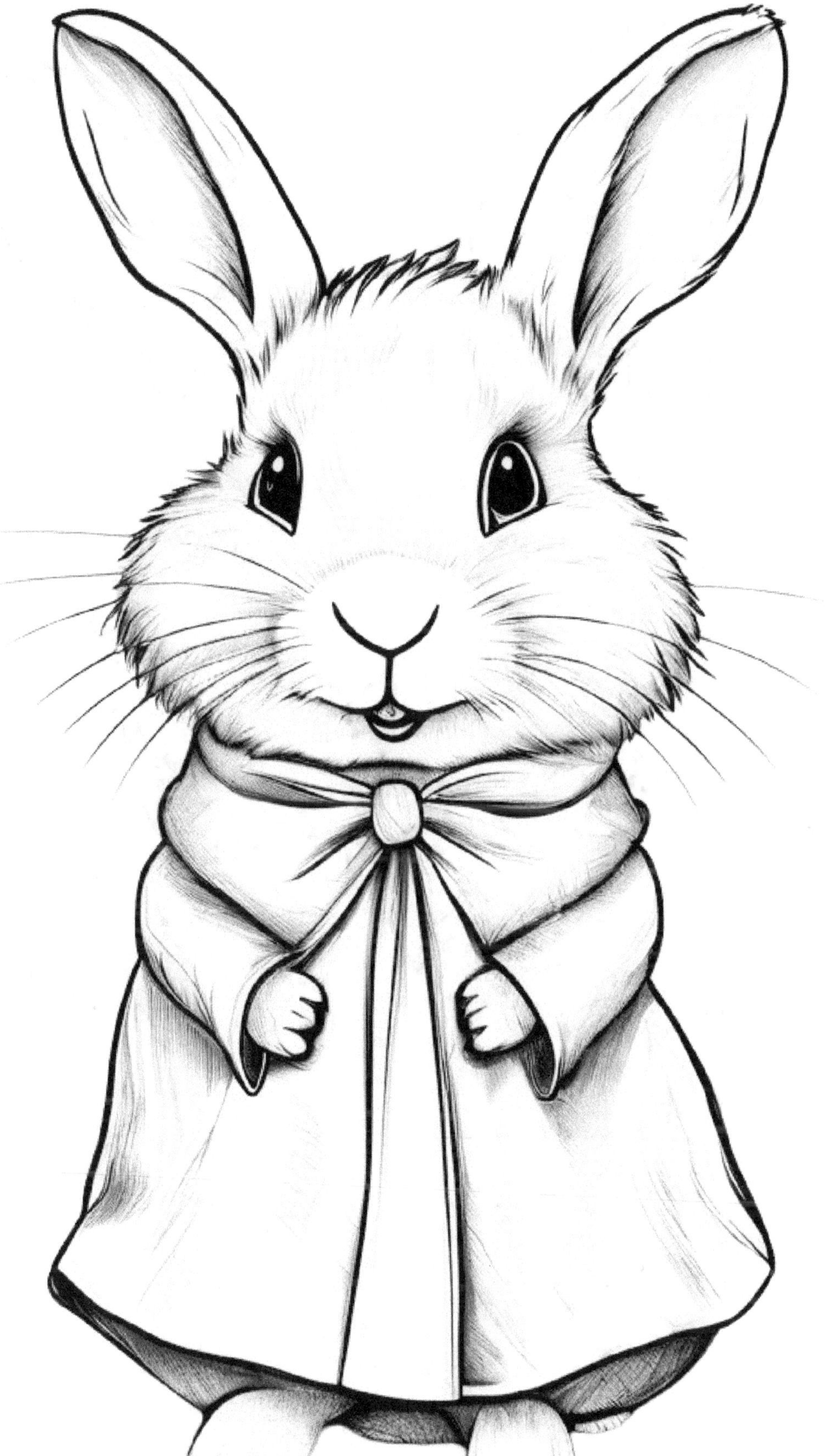

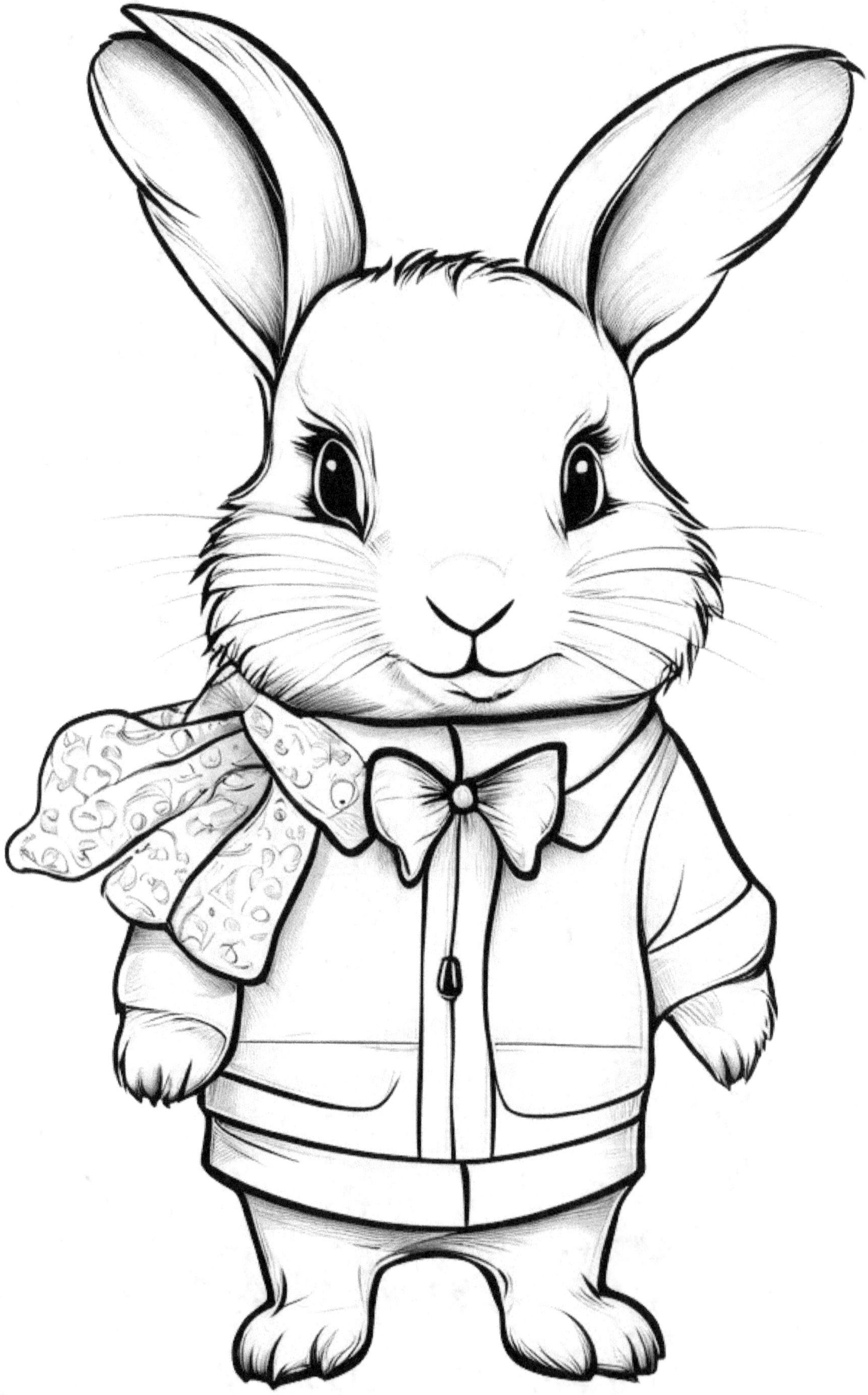

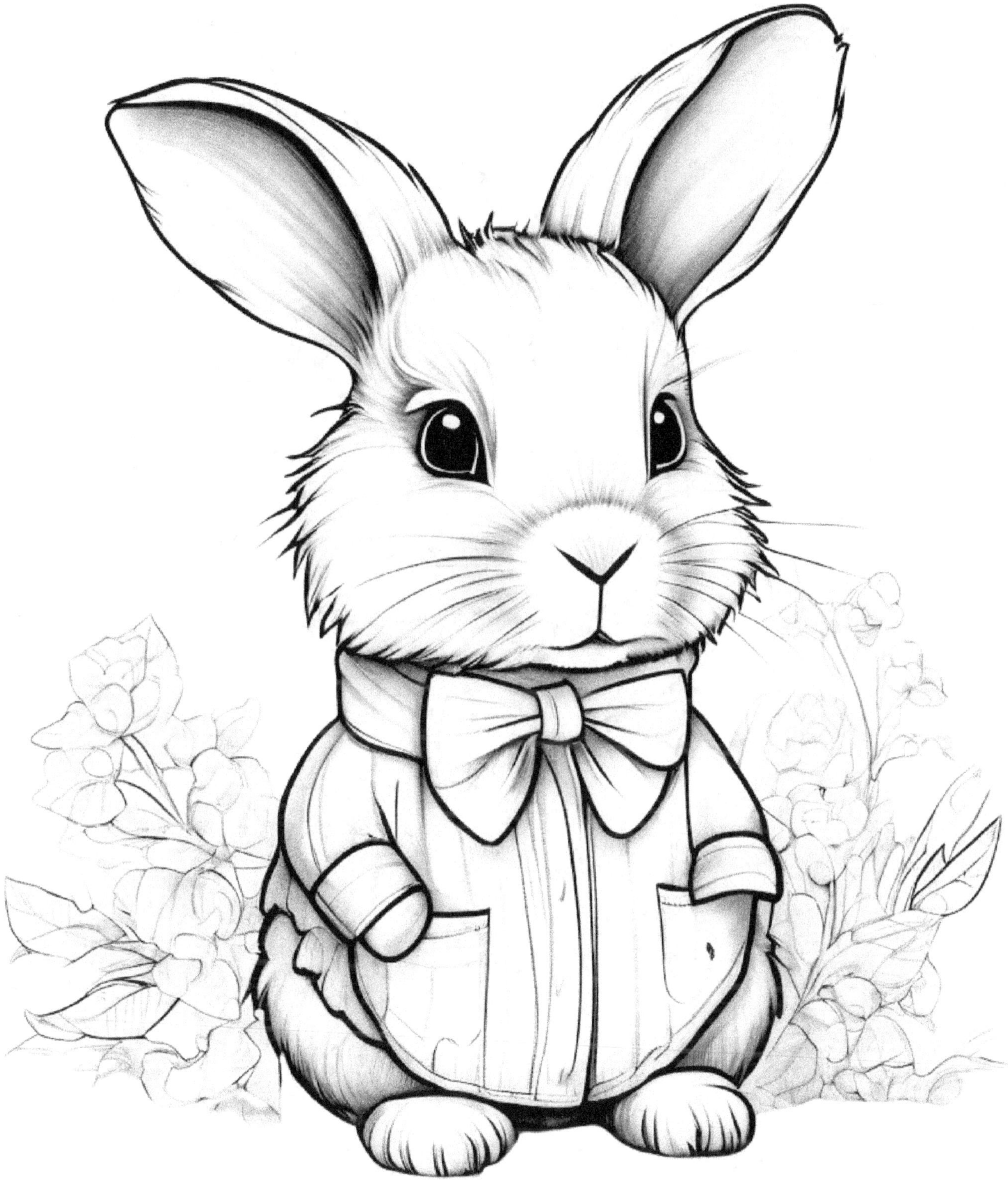

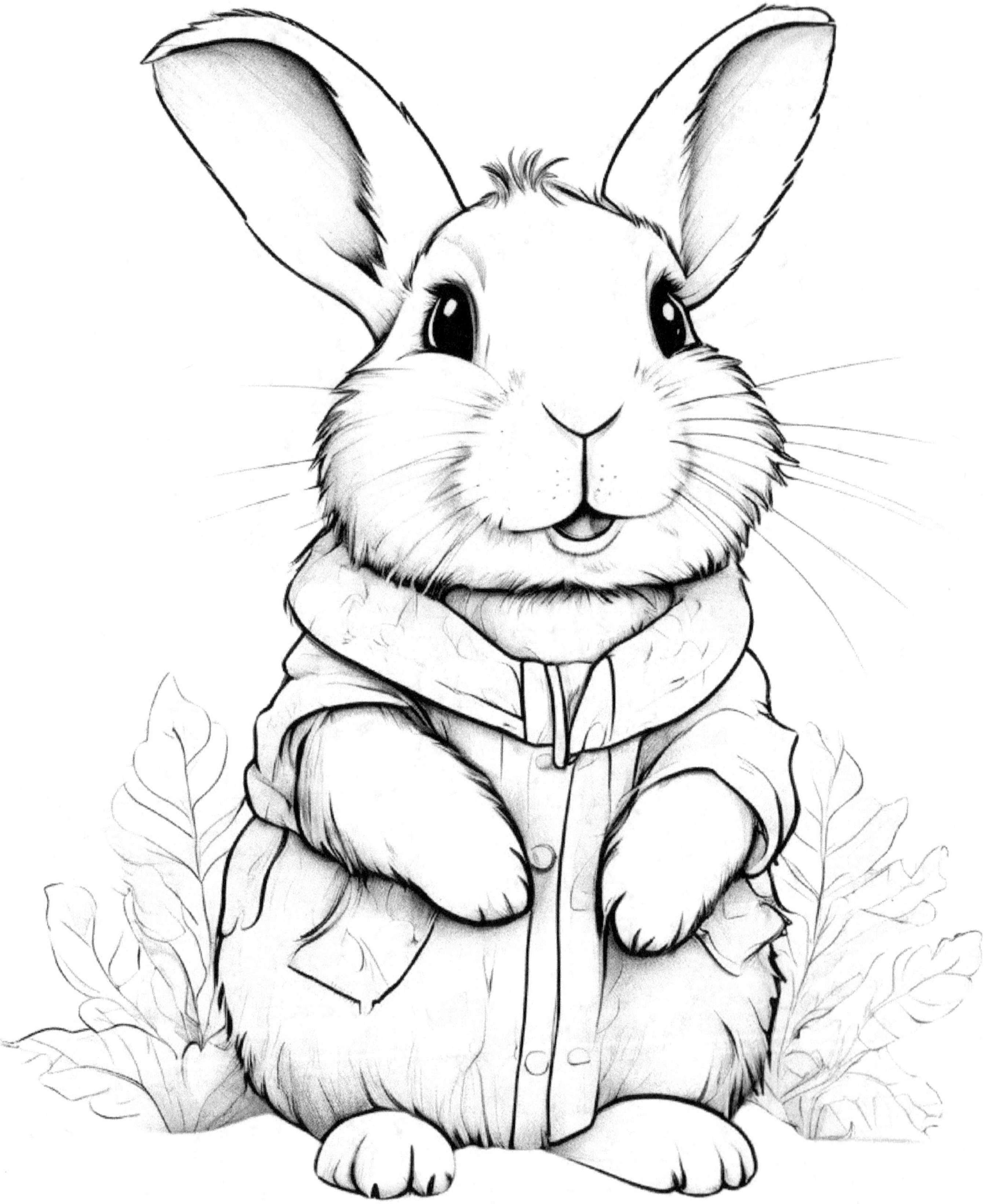

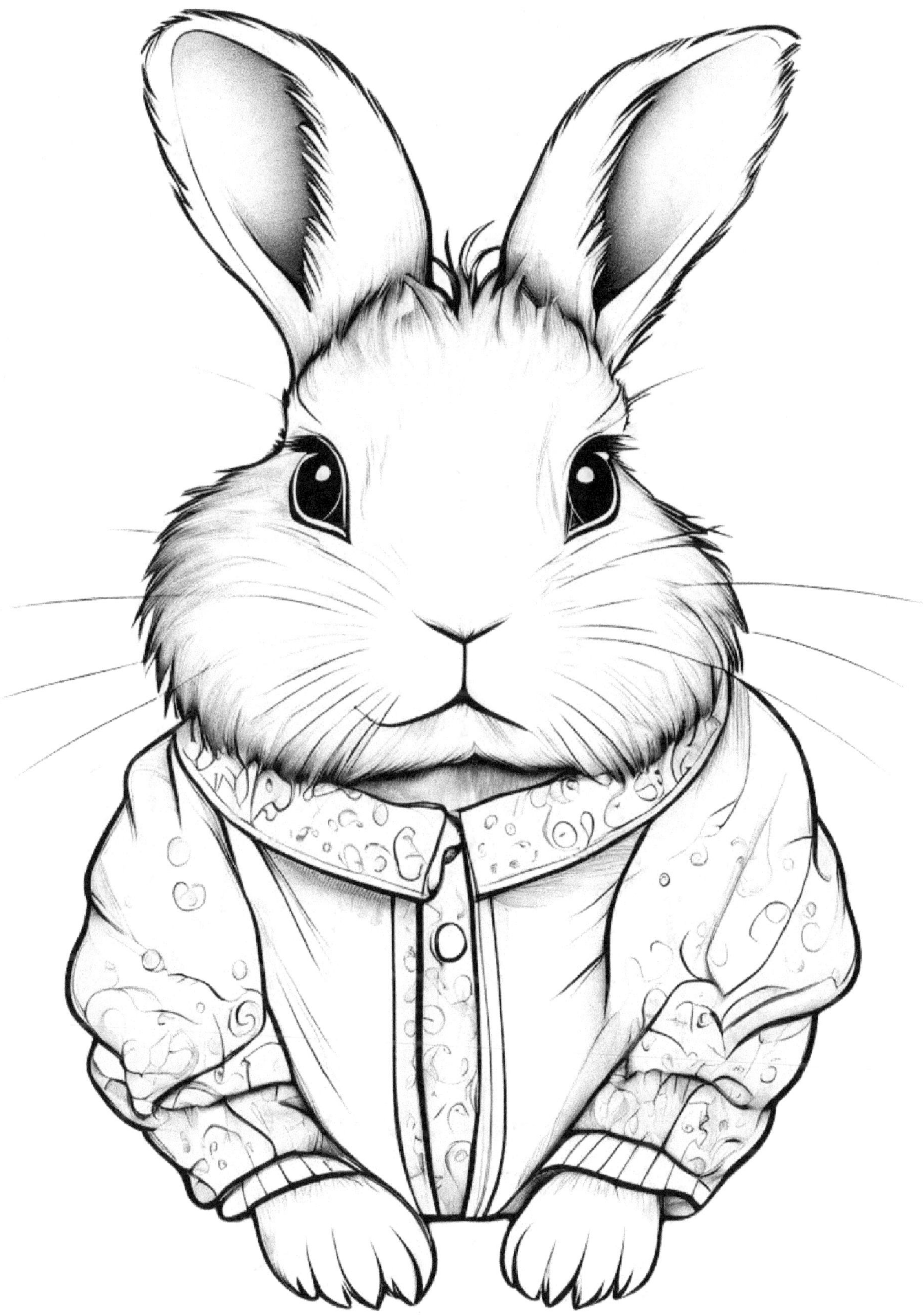

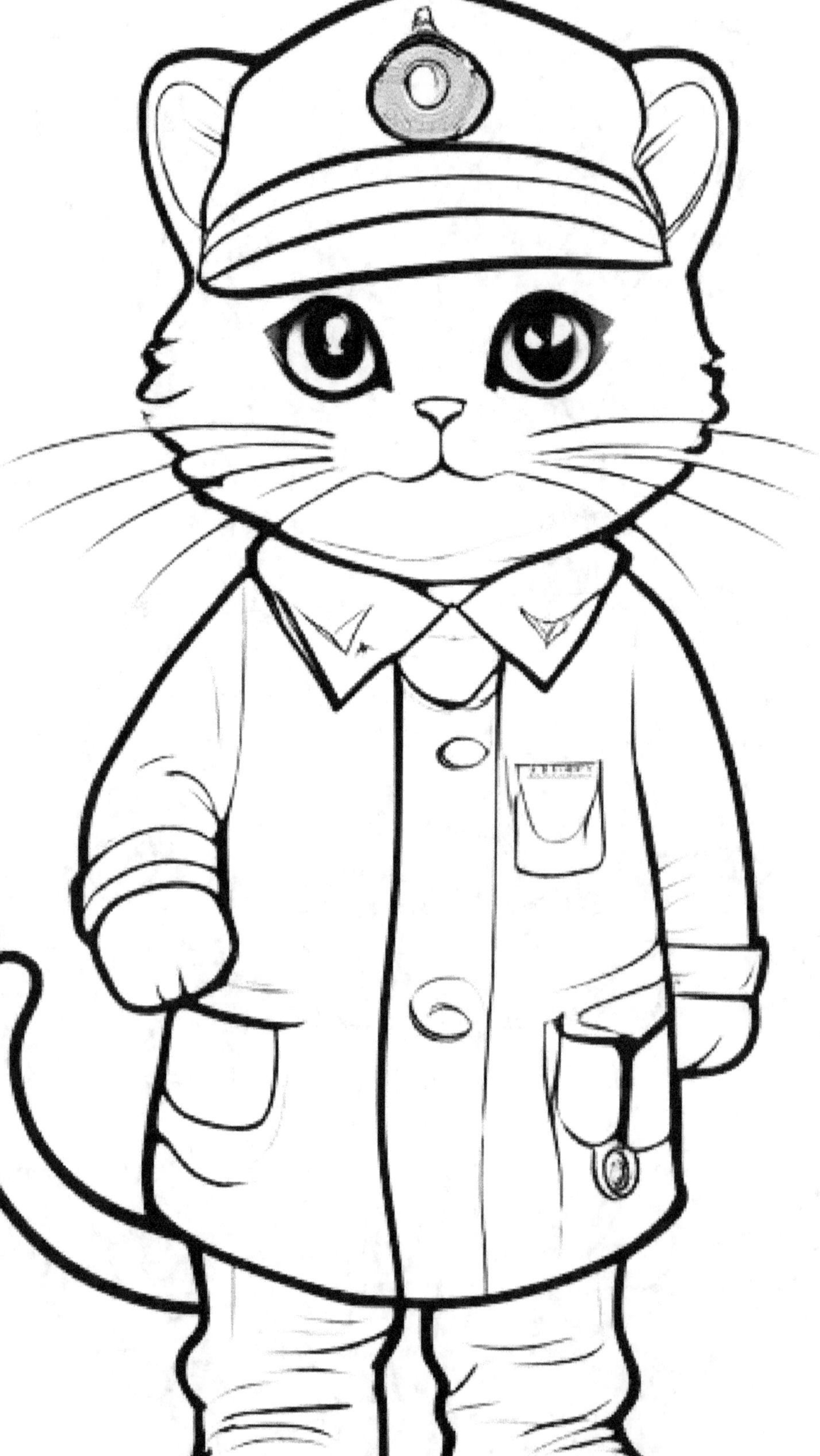

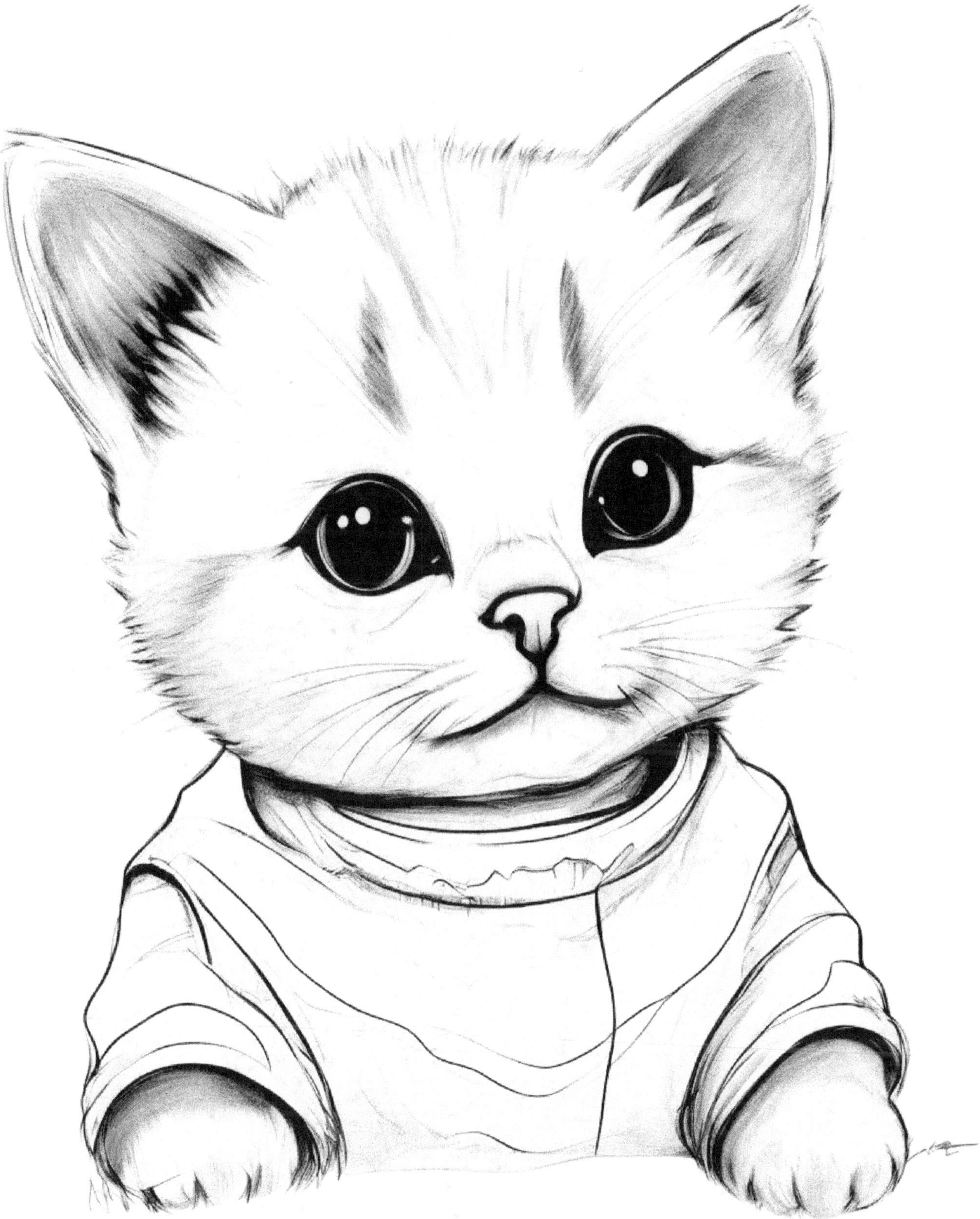

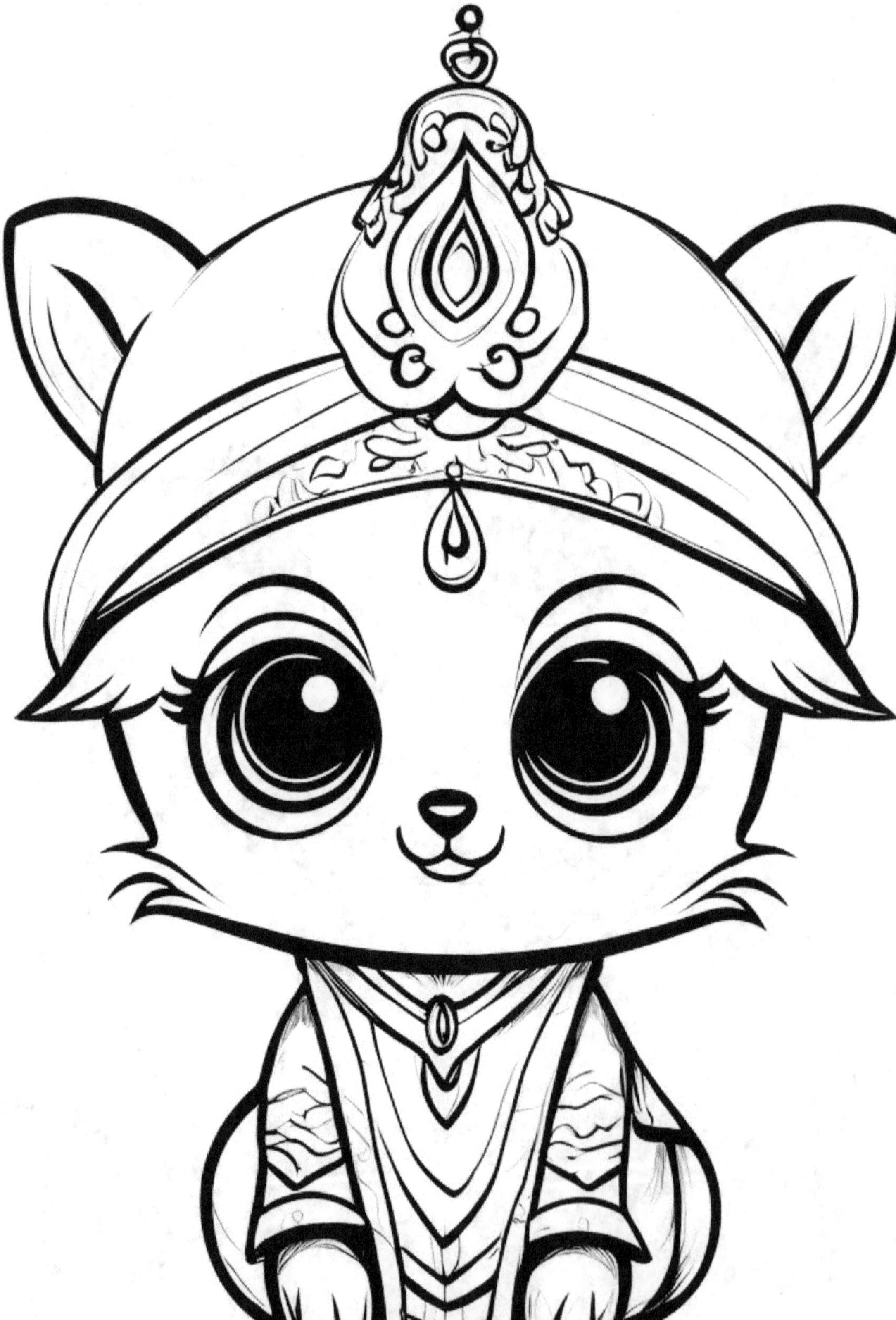

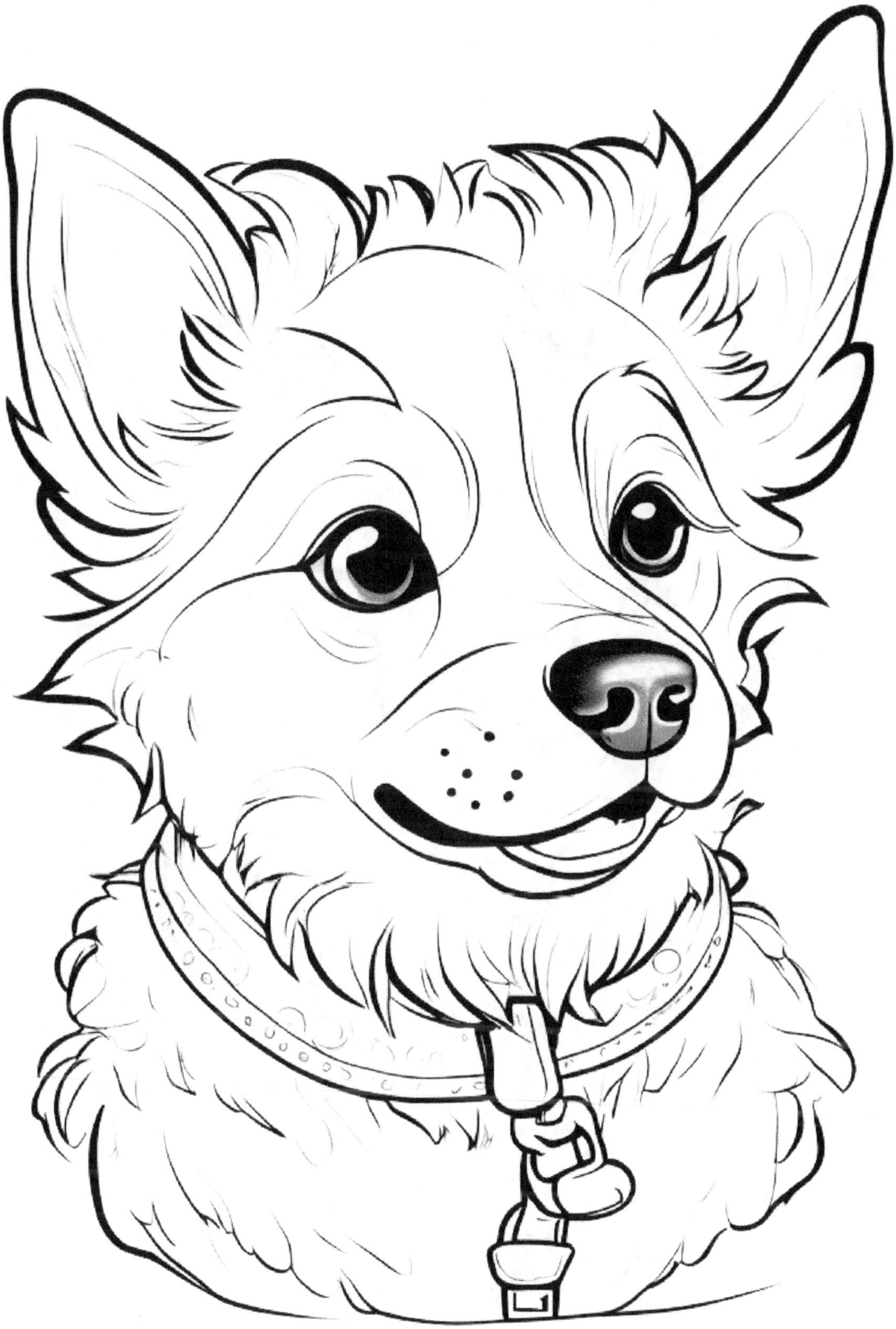

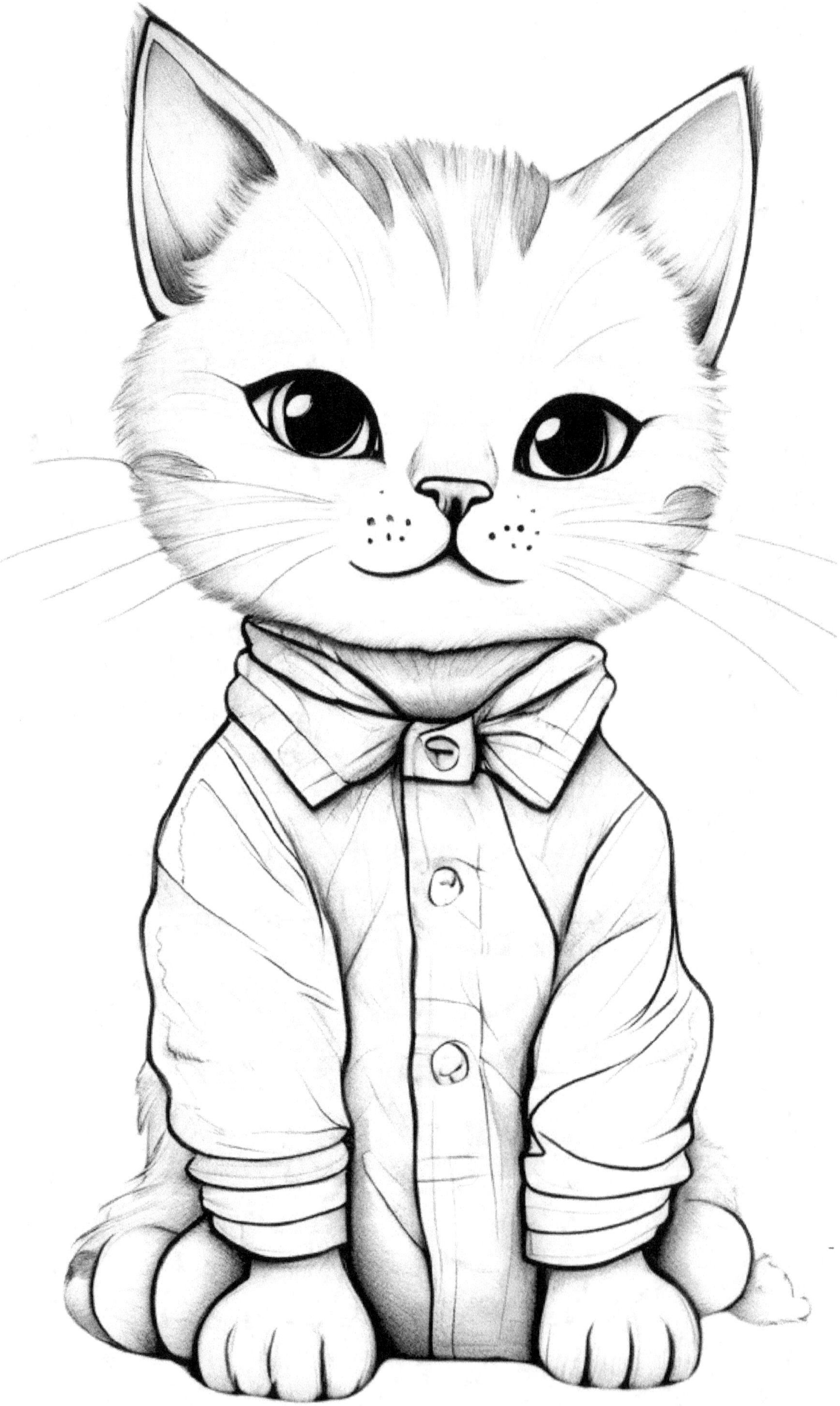

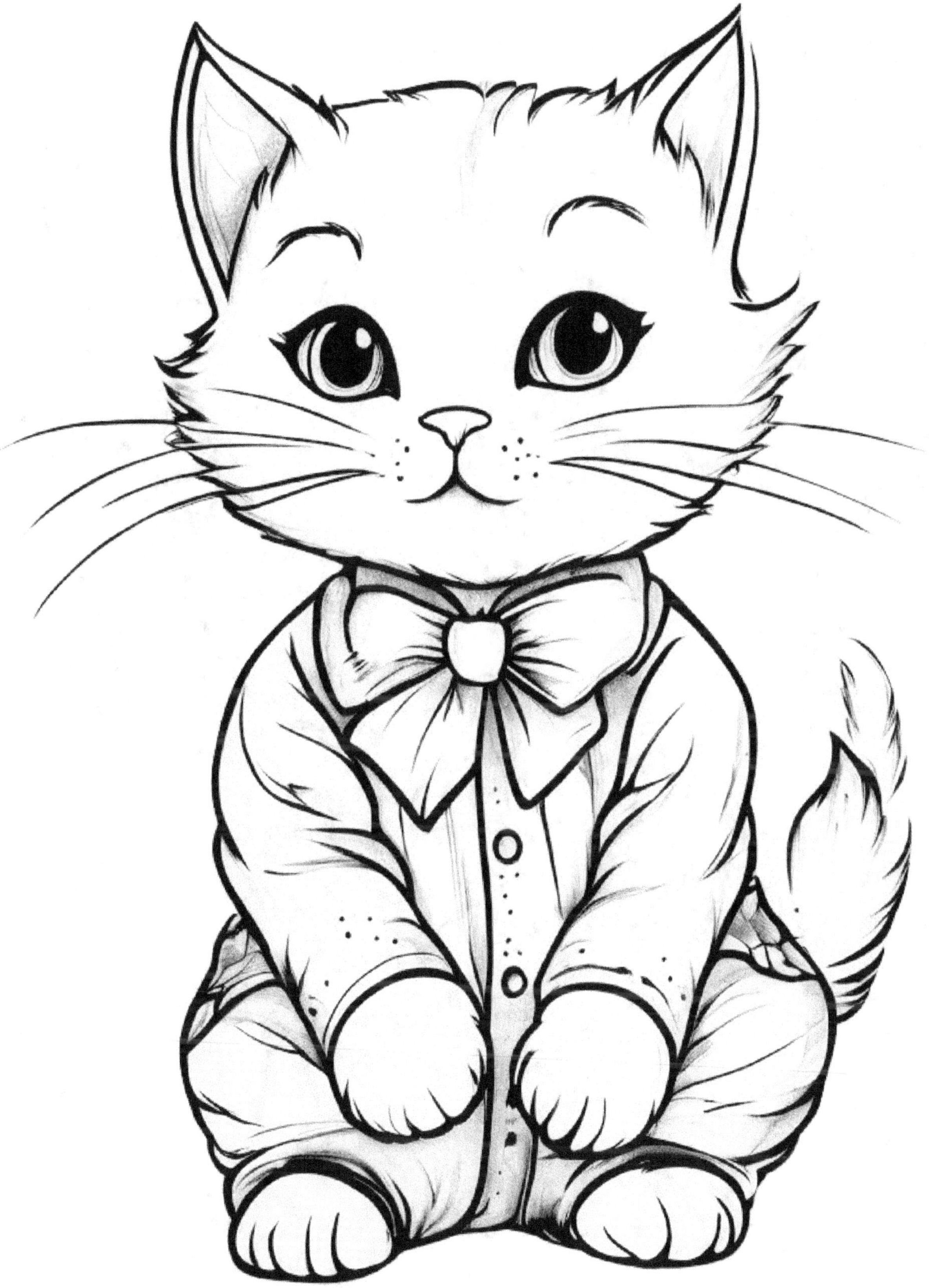

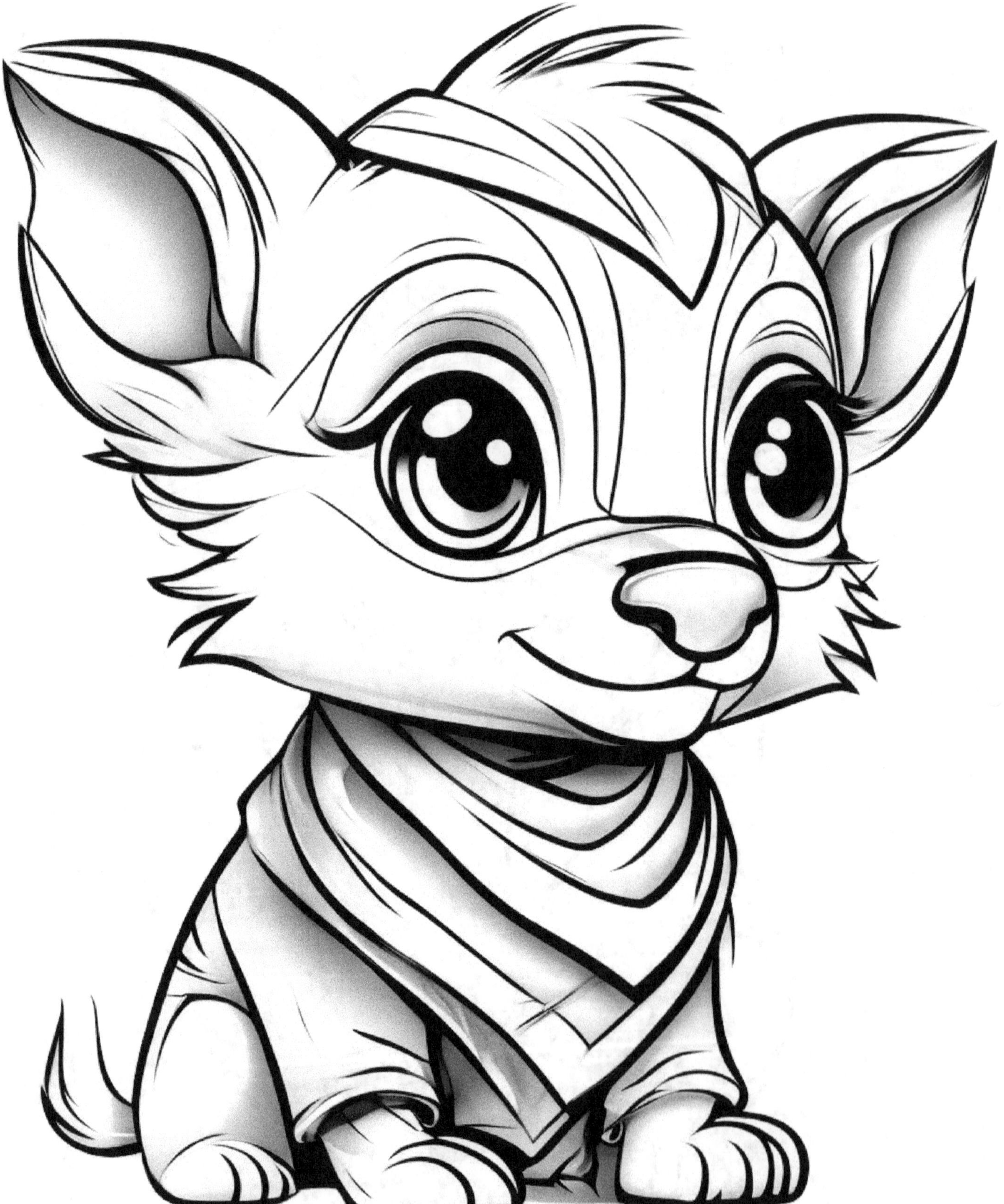

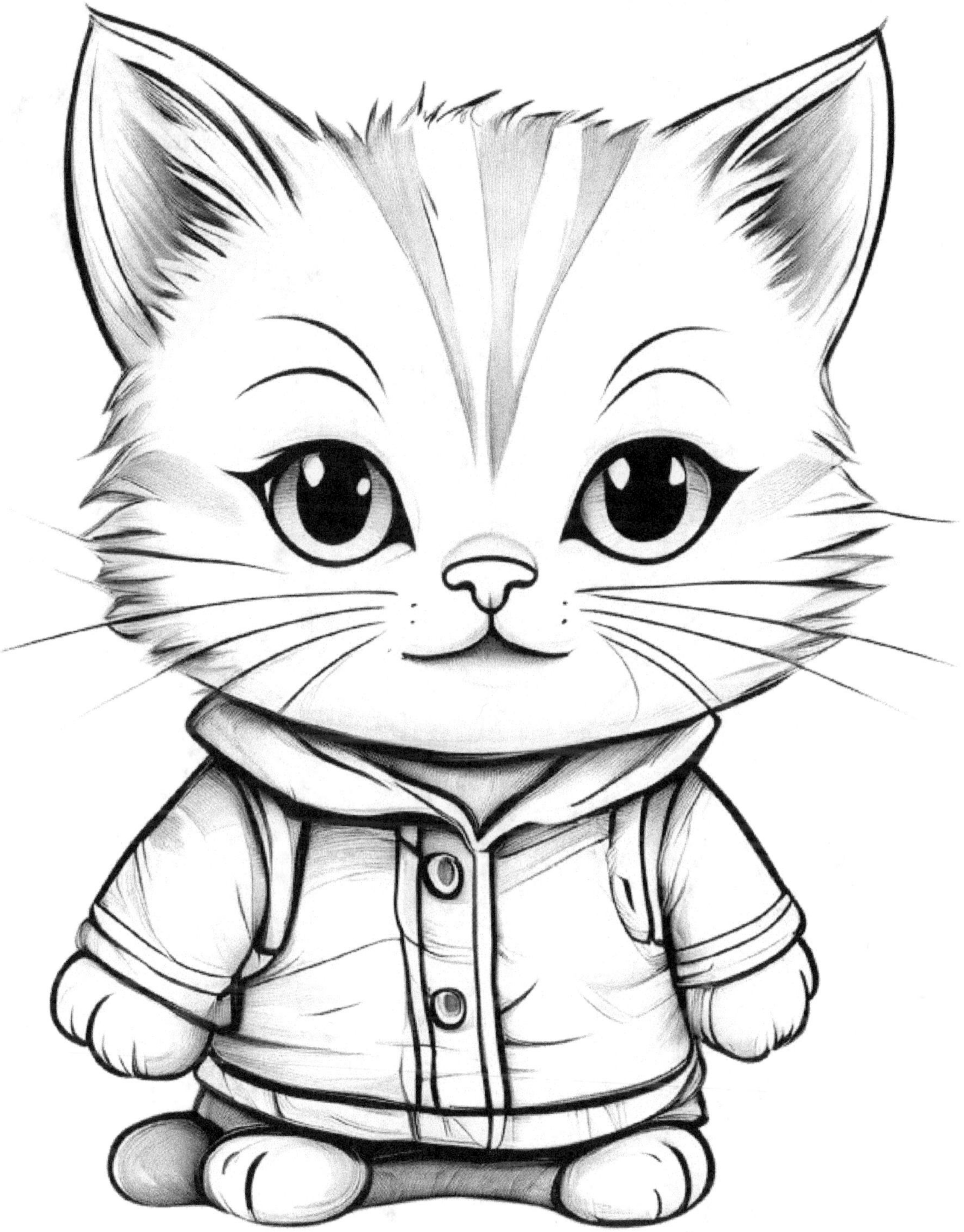

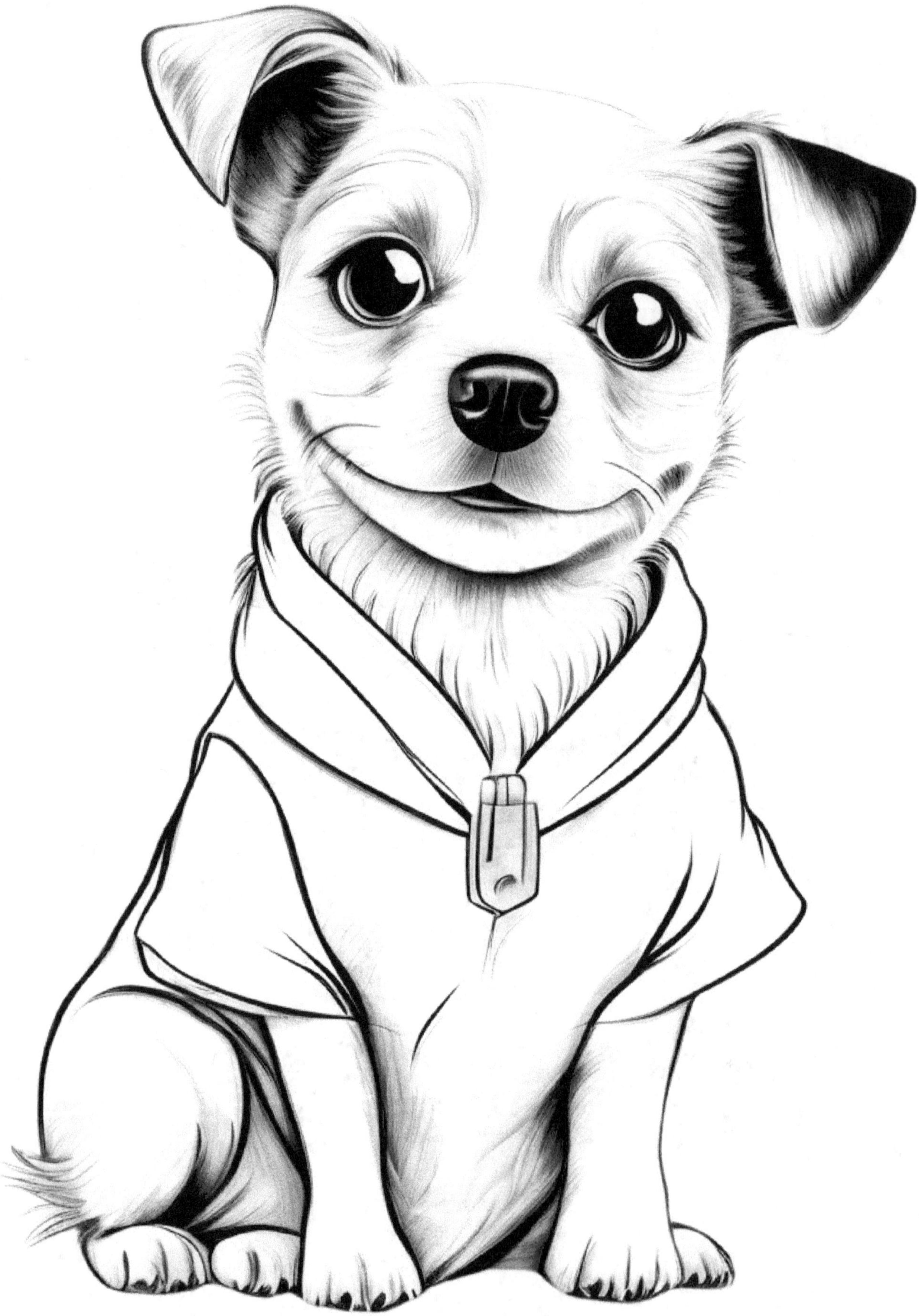

www.ingramcontent.com/pod-product-compliance
Lightning Source LLC
Chambersburg PA
CBHW082221220526
45470CB00010B/3258
* 9 7 9 8 3 2 6 8 4 8 9 0 1 *